MW01165067

L'ÈRE DU TÉMOIN

DU MÊME AUTEUR

À l'intérieur du camp de Drancy (en collaboration avec Michel Laffitte), Perrin, 2012.

L'heure d'exactitude : histoire, mémoire, témoignage. Entretiens avec Séverine Nikel, Albin Michel, 2011.

Eichmann. De la traque au procès, André Versaille, 2011.

Maurice et Jeannette. Biographie du couple Thorez, Fayard, 2010 (Prix d'Académie).

Univers concentrationnaire et génocide. Voir, savoir, comprendre (en collaboration avec Sylvie Lindeperg), Mille et Une nuits, 2008.

Le procès de Nuremberg, Liana Levi, 2006.

Auschwitz, soixante ans après, Robert Laffont, 2005.

Auschwitz expliqué à ma fille, Le Seuil, 1999.

L'ère du témoin, Plon, 1998.

Passant, souviens-toi. Lieux du souvenir de la Seconde Guerre mondiale en France, Plon, 1995 (en collaboration avec Serge Barcellini).

Déportation et génocide. Entre la mémoire et l'oubli, Plon, 1992 (Prix Henri Hertz 1992).

1961, le procès Eichmann, Complexe, 1989.

Ils étaient juifs, résistants, communistes, Denoël, 1985.

Les livres du souvenir, mémoriaux juifs de Pologne (avec la collaboration de Itzhok Niborksi), Gallimard, 1983.

A dirigé :

Justin Godart, un homme dans son siècle (1871-1956), CNRS Editions, 2004.

Les juifs de France de la Révolution française à nos jours (en collaboration avec Jean-Jacques Becker.), Liana Levi, 1998.

Les procès de Nuremberg et de Tokyo, Complexe, 1995.

L'État du monde en 1945 (en collaboration avec Stéphane Courtois), La Découverte, 1995.

Mille ans de cultures ashkénazes (en collaboration avec J. Baumgarten, R. Ertel, I. Niborksi), Liana Levi, 1994.

Dans la même collection :

Déportation et génocide. Entre la mémoire et l'oubli.
Auschwitz. La mémoire d'un lieu.

ANNETTE WIEVIORKA

L'ÈRE DU TÉMOIN

Pluriel

Ouvrage publié dans la collection Pluriel
sous la responsabilité de Joël Roman

Couverture : Rémi Pépin.
Illustration : Sendel Grynszpan témoignant au procès Eichmann,
Jérusalem. Israël, 25/04/1961 © C.D.J.C./Coll. Eliane Barré.

ISBN : 978-2-8185-0300-3
Dépôt légal : février 2013
Librairie Arthème Fayard/Pluriel, 2013.

*Pour Anne-Lise Stern
qui m'a beaucoup appris.*

INTRODUCTION

« Bonnes gens, n'oubliez pas, bonnes gens, racontez, bonnes gens, écrivez[1] ! » déclara Simon Doubnov à ses compagnons avant d'être assassiné le 8 décembre 1941 à Riga, par un milicien letton, lors des opérations de liquidation du ghetto. Ultime impératif dicté par un vieil homme, chroniqueur depuis plus d'un demi-siècle de l'histoire des Juifs. Il se pourrait que cette déclaration fût apocryphe. Il n'en reste pas moins qu'ils furent nombreux, très nombreux ceux qui, pendant la Shoah, mais aussi tout au long des cinquante années qui suivirent la destruction des Juifs d'Europe, tentèrent de raconter, comme s'ils obéissaient à l'injonction d'honorer ce que l'on appelle désormais en France « le devoir de mémoire ». Ainsi, entre 1944 et 1948, les membres de la Commission centrale d'histoire juive de Pologne réunirent 7 300 témoignages qui depuis

1. Cité par Pierre Vidal-Naquet dans « Simon Doubnov : l'homme mémoire », préface à Simon Doubnov, *Histoire moderne du peuple juif,* traduit du russe par Samuel Jankélévitch, Paris, Le Cerf, 1994, p. V.

dorment à l'Institut historique juif de Varsovie, sans qu'à notre connaissance personne ait jamais procédé à leur étude systématique [1].

Moshe Feigenbaum avait travaillé avec la Commission centrale des Juifs de Pologne, et voulait émigrer en Palestine. Il se retrouva à Munich en décembre 1945, au cœur de la zone d'occupation américaine en Allemagne. Cet ancien libraire de Biala Podlaska, sa ville natale, avait survécu, aidé par un fermier polonais, en se cachant dans une sorte de bunker creusé dans le verger d'une ferme. Il voulut qu'un travail de collecte de témoignages se fît aussi dans les camps pour personnes déplacées où des dizaines de milliers de survivants juifs croupissaient en attendant qu'un pays voulût bien les accueillir. Avec Israel Kaplan, journaliste à Kovno avant la guerre, il créa à Munich une nouvelle Commission historique centrale auprès du Comité central des Juifs libérés. Cette commission publia un journal en yiddish, *Khronikes fun Khurbn*, Chroniques de la Destruction, et entreprit de recueillir systématiquement des témoignages. Pendant ses trois années d'existence, avec son réseau d'une

1. Lors d'une visite à l'Institut, en 1993, nous avions pu constater que les témoignages n'étaient pas encore catalogués. Leur catalogue est désormais en cours de publication. Il devrait comprendre, dans une version anglaise et polonaise, cinq volumes. Le premier volume était, fin 1996, à l'imprimerie, le second est en cours de préparation. Eleonora Bergman, « Future Utilization and Unexploited Archival Sources on the Shoah in Poland », communication inédite au colloque « Les archives de la Shoah » organisé par le CDJC à Paris en décembre 1996.

cinquantaine de comités historiques, dans tous les camps de personnes déplacées de la zone d'occupation américaine, elle rassembla plus de 2 500 dépositions de survivants, un millier de photos, ainsi que des archives provenant des camps et des ghettos. En 1948, la Commission historique cessa d'exister. Feigenbaum et Kaplan émigrèrent alors en Israël où les collections furent déposées dans ce qui deviendrait Yad Vashem [1].

Dans la seconde moitié des années cinquante, Philip Friedman confiait à Raul Hilberg que les écrits des survivants étaient trop nombreux pour pouvoir être répertoriés. Au dernier recensement, affirmait-il alors, ils étaient 18 000 [2]. C'était il y a quarante ans. Philip Friedman (1901-1960), dont le nom et les travaux sont totalement inconnus en France, probablement à cette époque le meilleur historien du génocide, était déjà avant la guerre, qu'il passa caché dans sa ville natale de Lvov, un historien confirmé. C'est lui qui dirigea la commission historique chargée notamment de la collecte des témoignages en Pologne jusqu'en 1946, avant de s'occuper des programmes d'éducation pour les survivants du génocide dans les camps pour personnes déplacées de la zone d'occupation américaine en Allemagne, puis d'émigrer aux États-Unis en 1948 et d'y

1. Ces renseignements proviennent des Mémoires de l'historienne américaine Lucy S. Dawidowicz, *From That Place and Time. A Memoir. 1938-1947*, New York et Londres, W.W. Norton & Company, 1989, p. 304 et *sq.*

2. Raul Hilberg, « I was not there », in *Writing and the Holocaust*, Berel Lang, Holmes & Meier éd., New York, Londres, 1988, p. 18.

consacrer sa vie à l'histoire du génocide. Cet incontestable pionnier en est aussi le premier bibliographe, avec trois importantes bibliographies : *Guide to Jewish History Under Nazi Impact* [1], *Bibliography of Books in Hebrew on Jewish Catastroph and Heroïsm in Europe* [2], et *Bibliography of Yiddish Books on the Catastroph and Heroïsm* [3], où la rubrique des témoignages occupe de nombreuses pages.

Les témoignages étaient déjà innombrables dans les années cinquante. Nous nous trouvons aujourd'hui devant une masse de témoignages — des centaines de milliers peut-être —, dont il n'existe aucune bibliographie exhaustive. Aucun autre événement historique, même la guerre de 14-18 qui marque les débuts du témoignage de masse, n'a suscité un mouvement aussi considérable et s'étalant sur une telle durée, et aucun chercheur ne peut se vanter de maîtriser cet ensemble. Témoignages de nature différente les uns des autres, produits à diverses distances de l'événement, inscrits sur des supports multiples : manuscrits ou livres, journaux, bandes magnétiques, cassettes vidéo... Certains proviennent d'un mouvement spontané, d'une nécessité intérieure. D'autres répondent à des demandes d'origines diverses. Demandes liées aux besoins de la justice, d'abord. En effet, certains survivants ont témoigné dans différents pays lors des multiples procès qui ont suivi la capitulation allemande et qui

1. Avec J. Robinson, New York, 1960.
2. New York, 1960.
3. Avec Joseph Gar, New York, 1962.

se poursuivent jusqu'à nos jours ; d'autres, que ce soit en France, aux États-Unis ou en Israël, viennent depuis les années 1980 dans les établissements scolaires parler aux élèves. D'autres enfin témoignent, comme ils l'avaient fait dans les années d'après-guerre, dans le cadre de grandes enquêtes visant à constituer diverses archives orales qui se sont multipliées.

Le témoignage, surtout quand il se trouve intégré à un mouvement de masse, exprime, autant que l'expérience individuelle, le ou les discours que la société tient, au moment où le témoin conte son histoire, sur les événements que le témoin a traversés. Il dit, en principe, ce que chaque individu, chaque vie, chaque expérience de la Shoah a d'irréductiblement unique. Mais il le dit avec les mots qui sont ceux de l'époque où il témoigne, à partir d'un questionnement et d'une attente implicites qui sont eux aussi contemporains de son témoignage, lui assignant des finalités dépendant d'enjeux politiques ou idéologiques, contribuant ainsi à créer une ou plusieurs mémoires collectives, erratiques dans leur contenu, dans leur forme, dans leur fonction et dans la finalité, explicite ou non, qu'elles s'assignent.

Mais aussi, cette abondance de témoignages, leur omniprésence aujourd'hui dans l'espace public, alors qu'ils étaient auparavant confinés dans divers dépôts d'archives, confrontent l'historien à des problématiques tout à la fois anciennes et nouvelles. Anciennes d'abord, dans ce sens où l'historien sait, comme le dit Marc Bloch, qu'« il n'y a pas de bons témoins ; il n'y a guère de déposition exacte dans toutes ses parties »[1]. Il possède donc, en principe, les outils forgés par ses prédécesseurs pour passer les témoignages au crible de la critique historique. Pourtant, en ce qui concerne le témoignage sur la Shoah, il se trouve, comme pour d'autres domaines « chauds » de l'histoire très contemporaine, dans une situation qui nous semble inédite. L'historien ne vit pas dans une bulle. Il baigne dans la même atmosphère que tout un chacun, se nourrit des mêmes journaux, des mêmes émissions de télévision, est interpellé par les mêmes polémiques auxquelles il est bien souvent sommé de participer. Sa mémoire encode les mêmes images. Certes, il est supposé être capable d'ascèse, d'esprit critique, de mettre à distance ses émotions, ses sympathies et ses antipathies, de faire le tri dans les représentations qui se forment quand il écrit et, dans les débats publics, de dire le vrai et le juste. Il se trouve néanmoins dans une situation qui rend difficile un travail sans cesse balayé par les feux de l'actualité, où les problèmes s'embrouillent et se mêlent, où les enjeux politiques piègent parfois les enjeux éthiques et scientifiques.

Les historiens ont peu écrit à partir des témoignages des survivants du génocide, envers lesquels ils ont manifesté beaucoup de méfiance. Lucy Dawidowicz exprime une opinion largement partagée par ses confrères : « *Les transcriptions des témoignages que j'ai examinées, écrit-elle, sont pleines*

1. Marc Bloch, *Écrits de guerre 1914-1918,* textes réunis et présentés par Étienne Bloch, introduction de Stéphane Audoin-Rouzeau, Paris, Armand Colin, 1997, p. 170.

d'erreurs dans les dates, les noms des personnes, et les endroits, et ils manifestent à l'évidence une mauvaise compréhension des événements eux-mêmes. Certaines de ces dépositions peuvent davantage égarer le chercheur non averti que lui être utile [1].» Ainsi, pour l'historienne, rien ne peut être sauvé du témoignage, incapable d'informer les faits dans une pure perspective positive, mais surtout, incapable d'induire un récit conforme à l'histoire. Pour l'essentiel, les historiens ont laissé la réflexion sur ce gigantesque corpus aux littéraires, aux divers « psys » : psychiatres, psychologues, psychanalystes, et dans une moindre mesure aux sociologues. Dans ce champ de l'analyse des témoignages de la Shoah, la France a longtemps été, comme dans celui de l'histoire du nazisme, pratiquement absente. Les choses bougent lentement, mais elles évoluent [2]. Nous espérons contribuer à cette évolution en proposant une réflexion sur la production des témoignages, sur son évolution dans le temps, sur la part prise par le témoignage dans la construction du récit historique et de la mémoire collective. Réflexion aujourd'hui indispensable, qui n'intéresse pas seulement le génocide. Elle devrait permettre d'éclairer d'autres processus à l'œuvre pour d'autres épisodes historiques. Car, si Auschwitz est devenu la métonymie du mal absolu, la mémoire de la Shoah est devenue, quant à elle, pour le

1. Lucy S. Dawidowicz, *The Holocaust and the Historians*, Cambridge et Londres, Harvard University Press, 1981, p. 177.
2. Nous avions déjà amorcé cette réflexion dans la deuxième partie de notre ouvrage, *Déportation et génocide. Entre la mémoire et l'oubli*, Paris, Plon, 1992, réédition Hachette-Pluriel 1995.

meilleur ou pour le pire, le modèle de la construction de la mémoire, le paradigme auquel on se réfère ici ou là, pour analyser hier ou tenter d'installer au cœur même d'un événement historique qui se déroule sous nos yeux, comme récemment en Bosnie, et qui n'est pas encore devenue histoire, les bases du récit historique futur. Cette référence au génocide des Juifs est explicite ou implicite. Elle utilise les catégories ou les concepts produits au lendemain de la Seconde Guerre mondiale (crime contre l'humanité, génocide, etc.) pour l'évocation d'un passé plus lointain, comme aux États-Unis, l'évocation de la traite des Noirs et de l'esclavage, ou contemporain, comme pour l'analyse du communisme, dont certains réclament, à tort ou à raison, le « Nuremberg ». Elle utilise au présent les vecteurs que la mémoire du génocide a élaborés au cours de son histoire longue de plus d'un demi-siècle, en procédant par exemple à l'enregistrement systématique des témoignages des victimes en Bosnie comme au Rwanda.

Nous souhaitons ici comprendre les diverses figures du témoin, leur modification dans le temps, en isolant trois grands ensembles successifs. Le premier concerne le témoignage légué par ceux qui n'ont pas survécu aux événements dont ils ont pourtant rendu compte ; le deuxième, articulé autour du procès Eichmann, montre comment la figure du témoin émerge dans nos sociétés ; le troisième enfin interroge l'évolution de cette figure dans nos sociétés parvenues à ce que nous appelons l'ère du témoin.

I

TÉMOIGNER D'UN MONDE ENGLOUTI

« *Tout le monde écrivait [...]. Journalistes et écrivains, cela va de soi, mais aussi les instituteurs, les travailleurs sociaux, les jeunes et même les enfants. Pour la majeure partie il s'agissait de journaux dans lesquels les événements tragiques de cette époque se trouvaient saisis à travers les prismes de l'expérience vécue personnelle. Ces écrits étaient innombrables, mais la plus grande partie fut détruite lors de l'extermination des Juifs de Varsovie* [1] », note l'historien Emmanuel Ringelblum. Celui-ci met sur pied dans le ghetto de Varsovie une véritable organisation chargée de l'archivage systématique de tout document concernant le ghetto, l'Oneg Shabbat, l'allégresse du shabbat, dont il avait la certitude, largement justifiée d'ailleurs, que le contenu serait préservé. Car l'intuition, au cœur du génocide, de l'urgente nécessité de porter témoignage pour que l'Histoire puisse un jour être écrite est d'abord le fait d'historiens, de Simon Doubnov

---

1. Emmanuel Ringelblum, *Chronique du ghetto de Varsovie*, version française de Léon Poliakov d'après l'adaptation de Jacob Sloan, Paris, Robert Laffont, 1978, p. 21.

à Emmanuel Ringelblum en passant par Ignacy Schiper [1], assassiné à Majdanek, et qui avait confié à Alexandre Donat : « *[...] tout dépend de ceux qui transmettront notre testament aux générations à venir, de ceux qui écriront l'histoire de cette époque. L'Histoire est écrite, en général, par les vainqueurs. Tout ce que nous savons des peuples assassinés est ce que leurs assassins ont bien voulu en dire. Si nos assassins remportent la victoire, si ce sont eux qui écrivent l'histoire de cette guerre, notre anéantissement sera présenté comme une des plus belles pages de l'histoire mondiale, et les générations futures rendront hommage au courage de ces croisés. Chacune de leurs paroles sera parole d'Évangile. Ils peuvent aussi décider de nous gommer complètement de la mémoire du monde, comme si nous n'avions jamais existé, comme s'il n'y avait jamais eu de judaïsme polonais, de ghetto à Varsovie, de Majdanek.* »

Ces pensées sont contemporaines des discours de Heinrich Himmler, comme, par exemple, celui qu'il prononça devant les *Reichsleiter* et les *Gauleiter* à Posen, le 6 octobre 1943 : « *Je vous demande avec insistance d'écouter simplement ce que je vous dis ici en petit comité et de ne jamais en parler. La question suivante nous a été posée :* " *Que fait-on des femmes et des enfants ?* " *— Je me suis décidé, et j'ai là aussi trouvé une solution évidente. Je ne me sentais pas le droit d'exterminer les hommes — dites, si vous le voulez, de les tuer ou de les faire tuer — et de laisser grandir les enfants qui se vengeraient sur nos enfants et sur nos descendants. Il a fallu*

---

1. Ignacy (Itzhak) Schiper (1884-1943) était, dans la Pologne indépendante, avec Meier Balaban, un des deux principaux spécialistes de l'histoire des Juifs.

prendre la grave décision de faire disparaître ce peuple de la terre. [...] La question des Juifs sera réglée d'ici la fin de l'année dans les pays occupés par nous. Il ne subsistera que des restes de population juive qui auront trouvé abri quelque part. [...] Vous êtes maintenant au courant, et vous garderez tout cela pour vous. Bien plus tard, on pourra peut-être poser la question de savoir s'il faut en dire plus au peuple allemand. Je crois qu'il a mieux valu que nous — nous tous — prenions cela sur nos épaules pour notre peuple, que nous prenions la responsabilité (la responsabilité d'un acte et non d'une idée) et que nous emportions notre secret avec nous dans la tombe [1]. »*

Les SS emporteront donc ce secret dans *leur* tombe car, pour Himmler, ils en sont les seuls dépositaires. Les victimes ne représentent sous cet angle aucun danger. Si à plusieurs reprises Himmler exprime la crainte d'une vengeance des Juifs, crainte qui lui sert à justifier le meurtre des enfants, il n'envisage jamais la possibilité qu'ils puissent écrire la « page d'histoire ». Sur ce point, il se trompe. Certes, il y aura parmi les survivants des désirs de vengeance, et parfois même des tentatives de mise en acte de ces désirs. Tom Segev expose ce que fut le plan de vengeance d'Abba Kovner, une grande figure de la résistance dans le ghetto de Vilna, l'homme à qui l'on attribue la rédaction du premier tract exhortant les Juifs de ne pas se laisser conduire comme des moutons à l'abattoir. Ce

---

1. Heinrich Himmler, *Discours secrets*, édités par Bradley F. Smith et Agnès F. Peterson, introduction de Joachim Fest, traduit de l'allemand par Marie-Martine Husson, Paris, Gallimard, 1978 pour la traduction française, pp. 168-169.

combattant arriva en Palestine avec un plan visant à empoisonner l'eau potable de plusieurs grandes villes allemandes, espérant ainsi assassiner six millions d'Allemands. Il y eut aussi un certain nombre d'exécutions d'Allemands. Mais le poète Bialik que cita un député à la Knesset lors d'un débat sur les relations entre Israël et l'Allemagne avait écrit : « *Le diable lui-même n'est pas capable d'imaginer une vengeance qui puisse racheter le sang d'un petit enfant.* » La vraie vengeance serait la création de l'État d'Israël [1].

Si la vengeance n'est pas au cœur des préoccupations de l'ensemble des survivants, les victimes ont considéré très vite en revanche, dès qu'elles ont pris la mesure des événements, qu'elles étaient seules à même d'écrire cette page d'histoire et de dévoiler au monde ce qu'elles nommèrent du terme yiddish le *Hurbn*, la destruction. Ignacy Schiper le dit très clairement, conscient dans le même temps de l'aporie dans laquelle elles se trouvent :

« *Mais, si c'est nous qui écrivons l'histoire de cette période de larmes et de sang — et je suis persuadé que nous le ferons —, qui nous croira ? Personne ne voudra nous croire, parce que le désastre est le désastre du monde civilisé dans sa totalité.*

« *Nous aurons la tâche ingrate de prouver à un monde qui refusera de l'entendre que nous sommes Abel, le frère assassiné [...]* [2]. »

1. Tom Segev, *Le Septième Million. Les Israéliens et le génocide*, traduit de l'anglais et de l'hébreu par Eglal Errera, Paris, Liana Levi, 1993 pour l'édition française, pp. 171-185.
2. A. Donat, *The Holocaust Kingdom*, cité par Rachel Ertel, *Dans la langue de personne. Poésie yiddish de l'anéantissement*, Seuil, 1993, p. 23. L'ouvrage d'A. Donat est paru en français,

Tout en affirmant l'unité de l'espèce humaine
(« Abel, le frère assassiné », sous-entend l'existence
de Caïn, le frère allemand assassin, alors que dans
les textes de Himmler les Juifs sont expulsés à
jamais de l'espèce humaine), Schiper fait preuve ici
d'une extraordinaire prescience. Le monde ne voudra rien savoir de ce désastre. Malgré la profusion
des témoignages, le monde sait-il ? et que sait-il ?
Car pour savoir, il faut d'abord nourrir le désir de
savoir. Nous y reviendrons.

Le projet nazi, tel qu'il est énoncé en octobre
1943 par Himmler, alors qu'il entre, selon lui, dans
la phase finale de sa réalisation, et tel qu'il est justement perçu par Schiper, peut s'énoncer simplement :
gommer un peuple de la mémoire du monde et de
l'histoire du monde. « *Il arrive que les peuples perdent
leurs fils : c'est une grosse perte, bien sûr, et ce n'est guère
facile de s'en consoler ; mais voici qu'arrive le docteur
Soïfer avec sa perte à lui... Car il est l'un de ceux qui sont
en train de perdre son peuple...*

« *Quoi ?... Qu'est-ce qu'il perd ?... Mais on n'a jamais
encore entendu parler d'une telle perte* [1] *!* »

Les docteurs Soïfer — *Soïfer* signifie en yiddish
scribe, celui qui recopie sans aucune erreur le texte
de la Torah — qui réalisent qu'ils sont en train de

---

sous le titre *Veilleur où en est la nuit ?*, traduit de l'américain par
Claude Durand, préface d'Élie Wiesel, Seuil, 1967.

1. David Bergelson, cité par Richard Marienstras, *Être un
peuple en diaspora*, préface de Pierre Vidal-Naquet, Maspero,
1975, p. 141.

perdre leur peuple placent leur dernière espérance dans l'écrit, sans percevoir peut-être une autre aporie que celle que pointe Ignacy Schiper. Quand un peuple est mort, qu'il n'a plus de présent, comment écrirait-il son histoire ? L'écriture de l'histoire ne peut se faire sans « témoignages », au sens large que lui donne Marc Bloch, c'est-à-dire sans des traces, dont les archives constituent l'essentiel, qui permettent cette écriture. Mais elle ne peut non plus s'écrire sans historiens, c'est-à-dire sans hommes ou femmes qui, du présent de leur existence, de leur expérience de la vie, de leur désir de connaître, tentent de comprendre et de mettre en récit cette connaissance pour la transmettre, interrogent le passé à partir des traces que ce même passé leur a léguées.

Les traces léguées par ceux qui périrent dans le génocide ne manquent guère. Dans plusieurs lieux, elles furent systématiquement rassemblées, les archives les plus abouties étant celles des ghettos de Varsovie et de Lodz.

L'histoire des archives du ghetto de Varsovie est connue. Moins d'ailleurs par leur exploitation « scientifique » : les historiens se sont peu intéressés à l'histoire des ghettos [1], que par un roman qui fut outre-Atlantique d'abord, puis en France, un best-seller, *La Muraille*, de John Hersey, rédigé à partir des archives de l'Oneg Shabbat, et dont le personnage principal, Noach Levinson, l'archiviste, prend pour modèle Emmanuel Ringelblum.

---

1. Il n'existe en français aucune histoire générale des ghettos pendant la Seconde Guerre mondiale. Il n'existe pas davantage de monographie académique sur tel ghetto particulier.

Emmanuel Ringelblum était déjà en 1939 un historien confirmé, mais aussi un militant. Il avait soutenu brillamment en 1927, à l'université de Varsovie, une thèse sur les Juifs de Varsovie au Moyen Age et avait enseigné l'histoire dans des lycées juifs, militant dans le même temps activement dans le mouvement sioniste tout en poursuivant ses recherches sur l'histoire des Juifs de Varsovie. En 1930, il avait accepté de travailler à mi-temps pour le Joint Distribution Committee, la grande organisation juive américaine de secours aux Juifs du monde entier créée lors de la guerre de 14-18. En novembre 1938, le Joint l'avait envoyé en mission au camp de Zbazsyn où étaient alors internés, dans des conditions d'une extrême précarité, quelque six mille Juifs polonais que les Allemands avaient expulsés à la fin du mois d'octobre. Il y passa cinq semaines qui le marquèrent profondément[1].

L'idée de créer des archives prit forme chez l'historien dès les premiers mois de l'occupation allemande de Varsovie. Aidé par un petit groupe d'amis, il s'employa d'abord à réunir témoignages et rapports qu'il sollicitait auprès des Juifs qui se réfugiaient alors, nombreux, à Varsovie. Il avait clairement conscience que ce qui se passait était inédit dans l'histoire. Son petit groupe grossit, rejoint par les militants de tous bords, par des écrivains ou des journalistes, constituant une véritable organisation

---

1. Raya Cohen, « Emmanuel Ringelblum : between Historiographical Tradition and Unprecedented History », in « *Gal-Ed* » *on the History of the Jews in Poland*, vol. XV-XVI, Tel Aviv University, 1997, pp. 105-117.

de résistance sans pareille qu'ils nommèrent Oneg Shabbat, allégresse du shabbat, parce qu'elle se réunissait le samedi. Cette organisation recueillit des documents très variés : traces de la vie culturelle dans le ghetto comme les affiches des représentations théâtrales ou des concerts, tickets d'alimentation, décrets des autorités nazies, presse clandestine, minutes des réunions du Judenrat, le conseil juif qui administrait le ghetto, etc. Ces archives avaient été enterrées en trois lots, dans des bidons de lait ou des caisses métalliques sur le territoire du ghetto, avant sa « liquidation ». Or, après l'écrasement de l'insurrection du ghetto de Varsovie, en mai 1943, son emplacement fut systématiquement arasé afin que ne demeurât plus une seule pierre de l'ancien quartier juif de Varsovie. Il fallait, dans l'esprit des nazis, non seulement que les Juifs eussent disparu, mais que le cadre même dans lequel ils avaient vécu fût effacé. Le ghetto était devenu un désert de pierres. Pour retrouver les archives, il fallut, selon les termes de Michel Borwicz, qui participa à ce travail, recourir à des « *procédés archéologiques* » [1]. Deux lots d'archives ont été retrouvés, en 1946 et 1950, qui se trouvent depuis à l'Institut historique juif de Varsovie dont elles constituent 60 % des fonds : 1696 cartons, en tout 27 000 pages [2]. Certains documents ont été

1. Michel Borwicz, *Écrits des condamnés à mort sous l'occupation nazie*, Paris, Idées/Gallimard, 1973, p. 122.
2. Une équipe de chercheurs sous la direction du professeur Feliks Tych prépare la publication de la totalité de ces archives, avec tout un appareil critique. Le premier volume, préparé sous la direction d'une des meilleurs spécialistes de l'histoire du ghetto de Varsovie, Ruta Sakowska, a été publié en

publiés en Israël, en Pologne et aux États-Unis, mais ils sont loin encore d'avoir été en totalité exploités.

A Lodz, rebaptisé Litzmannstadt par les Allemands, dans cette région qu'ils annexent au Reich et nomment le Warthegau, le ghetto fut créé très vite, dès février 1940. Ce fut l'un des derniers « liquidés », en août 1944. L'archivage systématique fut organisé au sein même du Judenrat, l'administration juive du ghetto. Le 17 novembre 1940, le doyen des Juifs de Lodz, Mordechaï Chaïm Rumkowski, figure hautement controversée, fonde en effet le département des archives, comme il en existe dans toute administration ordinaire, et dont l'existence très officielle est connue des Allemands. Le département des archives constitue la cinquième division du département de la population du ghetto [1]. Pourtant, certaines archives, notamment celles qui proviennent des diverses commissions inspectant le ghetto, sont tenues cachées. Le principe qui induit l'archivage est énoncé clairement : « *Permettre aux futurs chercheurs d'étudier la vie de la société juive pendant une de ses périodes les plus difficiles.* » Josef Klementynowsky avait d'ailleurs écrit le 16 novembre 1940 à Rumkowski, en acceptant de travailler aux archives et d'en être le premier directeur : « *J'apprécie haute-*

polonais en 1998 et devrait l'être en allemand. L'édition en anglais devrait suivre. Eleonora Bergman, « Future Utilization and Unexploited Archival Sources on the Shoah in Poland », *in* Colloque du CDJC déjà mentionné.

1. Nous suivons ici les travaux de l'historien Lucjan Dobroszycki, et particulièrement de sa préface à *The Chronicle of the Lodz Ghetto, 1941-1944*, Lucjan Dobroszycki éd., New Haven-Londres, Yale University Press, 1984.

ment la signification de ce trésor pour les historiens du futur. » Les archivistes reçoivent de Rumkowski autorité pleine et entière pour rassembler le matériel en provenance de tous les départements de l'administration juive. Autorisation leur est donnée également de procéder à des interviews avec les représentants des diverses administrations et de les conserver sous forme écrite comme d'assister à leurs réunions de direction. Les archives rassemblent ainsi divers matériaux provenant tout à la fois de l'administration allemande du ghetto et de son administration juive : ordres, memoranda, discours, correspondance officielle, statistiques. Mais elles rassemblent aussi des manuscrits et des livres de valeur abandonnés par les intellectuels décédés dans le ghetto ou déportés. Dans le même temps, les archivistes tentent une première écriture de l'histoire, entreprenant la rédaction d'un certain nombre de monographies. Le travail est alors divisé en grands thèmes : histoire du ghetto, problèmes économiques, religion et culture, hébreu et yiddish. Deux monographies sont, selon l'historien du ghetto de Lodz, Lucjan Dobroszycki, particulièrement intéressantes, car elles s'appuient sur des documents qu'elles citent *in extenso* et qui datent de la première période de l'occupation allemande de Lodz, alors que les archives n'existaient pas encore. La première, écrite en polonais, traite de l'histoire des Juifs de Lodz, de septembre 1939 à mai 1940, quand le ghetto est hermétiquement scellé. La seconde concerne l'histoire de Lodz, de mai 1940 à la fin de 1940. S'y ajoute une sorte de dictionnaire biographique des personnalités juives du ghetto, diverses informations sur son administration et même une étude lexicologique des mots créés dans le ghetto.

C'est dans les archives que naît la Chronique du ghetto de Lodz [1] écrite collectivement par des gens que tout oppose : l'âge, la formation, le pays d'origine. L'initiateur en est Julian Cukier (1900-1943), originaire d'une grande famille de Lodz, journaliste avant-guerre sous le nom de plume polonais de Stefan Cerski, qui travaille lui-même aux archives et est bien vite surnommé « le Plutarque du ghetto ». Il s'entoure de dix à quinze collaborateurs. Parmi eux, Szmuel Hecht, natif de Wielun, une ville au sud-est de Lodz, déporté dans le ghetto lors de la « réinstallation » des Juifs des provinces de Lodz, Poznan et Bydgoszcz à l'été 1942 ; le Dr Bernard Heilig (1902-1943), alors chercheur de renom, spécialiste d'histoire économique des Juifs sur laquelle il avait publié de nombreux ouvrages, et qui avait été déporté de Prague à Lodz en octobre 1940. Le Dr Rosenfeld (1884-1944) était né en Moravie, à Korycany, et était diplômé de l'université de Vienne. Il avait été déporté de Prague dans le ghetto de Lodz en octobre 1941. Collaborateur de Theodor Herzl, rédacteur en chef de l'hebdomadaire sioniste de Vienne, *Die Neue Welt* (Le Nouveau Monde), corres-

---

1. Cette chronique ainsi qu'une collection de textes — récits, nouvelles... — ont été publiés dans une traduction anglaise aux États-Unis : *The Chronicle of the Lodz Ghetto, 1941-1944*, Lucjan Dobroszycki éd., New Haven-Londres, Yale University Press, 1984, et *Lodz Ghetto. Inside a Community under Sieg*, Alan Edelson et Robert Lapides éd., New York, Penguin Books, 1989.

pondant du grand journal juif britannique, le *Jewish Chronicle*, cet homme avait traduit en allemand les classiques de la littérature yiddish. Le doyen de l'équipe est Abram S. Kamieniecki (1874-1943), né à Slonim au temps de l'Empire tsariste, alors que la ville appartenait à ce qu'on nommait « la zone de résidence », ce vaste territoire des marges de l'Empire où, de la Baltique à la mer Noire, les Juifs étaient contraints de vivre. Il avait reçu une éducation traditionnelle, puis étudié la philosophie à Heidelberg, Berlin et Berne avant de se spécialiser en études bibliques.

Les hommes qui rédigent la Chronique et travaillent aux archives sont des fonctionnaires du Conseil juif du ghetto. Ils reçoivent donc, comme les autres fonctionnaires, un supplément de nourriture, ce qui ne les empêche pas de souffrir cruellement de la faim jusqu'à en mourir. Les chroniqueurs ont connu le sort commun des habitants du ghetto de Lodz : la mort dans le ghetto ou en déportation, dans les centres de mise à mort de Chelmno ou d'Auschwitz-Birkenau. Un seul a survécu : Bernard Ostrowski, un ingénieur.

Le premier bulletin de la Chronique porte la date du 12 janvier 1941. Le dernier retrouvé celle du 30 juillet 1944. Lucjan Dobroszycki estime que ce bulletin est bien le dernier. Le lendemain, qui tombait un lundi, on sut à Lodz que le destin de la ville était scellé. Les 68 561 habitants qui y résidaient encore devaient être transférés à Auschwitz-Birkenau, à l'exception de 700 personnes qui nettoieraient le ghetto. Entre ces deux dates ont été rédigés environ un millier de bulletins, longs d'une demi-page à dix pages. Lucjan Dobroszycki considère que le nombre des bulletins perdus est minime : 5 %, 10 % au plus. La première tranche de la chronique, celle qui va du 12 janvier 1941 au 1er septembre 1942 est écrite en polonais, la dernière, de septembre 1942 au 30 juillet 1944, a été rédigée en allemand. De septembre à décembre 1942, l'allemand et le polonais alternent. La différence de langue induit-elle des différences dans le style et dans le contenu ? Lucjan Dobroszycki le pense. L'allemand, selon lui, est laconique, uniforme, plus lucide et semble plus détaché, plus distancié que le polonais. Pourtant, la Chronique présente une unité. Chacun des bulletins, quelle que soit la langue dans laquelle il est rédigé, comporte les mêmes rubriques, même si elles ne sont pas toutes présentes quotidiennement, indiquées par des sous-titres : le temps qu'il fait dans le ghetto, les naissances et les décès avec, dans la partie en allemand, le point précis établi périodiquement sur la population du ghetto, les gens tués près des barbelés entourant le ghetto, les suicides, la question des approvisionnements et du rationnement, les prix des denrées, le marché noir et les divers incidents liés à la contrebande, la santé publique et les maladies, les directives allemandes, les diverses commissions d'inspection, les actes de l'administration du ghetto, les activités culturelles et religieuses, l'installation des Juifs d'autres régions occupées par le Reich dans le ghetto et les déportations. Mais il y a aussi une rubrique particulière intitulée : « rumeurs ». Car les rumeurs pullulent dans les ghettos, et tous les témoignages s'en font l'écho. Certaines d'entre

elles sont sciemment propagées par les Allemands.
Mais d'autres naissent spontanément. La situation
dans les ghettos, celui de Lodz comme celui de Varsovie, ressemble beaucoup à cet égard à celle que
Marc Bloch décrit dans ses « Réflexions d'un historien sur les fausses nouvelles de la guerre » : « *On ne
dira jamais à quel point*, écrit Marc Bloch, *l'émotion et
la fatigue détruisent tout sens critique. [...] Le doute
méthodique est d'ordinaire le signe d'une bonne santé
mentale. C'est pourquoi les soldats harassés, au cœur
troublé, ne pouvaient le pratiquer.* » Marc Bloch insiste
aussi sur le rôle considérable de la censure : « *Par
un coup hardi que n'eût jamais osé rêver le plus auda-
cieux des expérimentateurs, la censure abolissant les siècles
reculés, ramena le soldat du front aux moyens d'information et à l'état d'esprit des vieux âges, avant le journal,
avant la feuille de nouvelles imprimées, avant le livre* [1]. »
Que dire alors de la situation dans les ghettos, celui
de Lodz notamment, fermé de façon extraordinaire-
ment hermétique, alors que celui de Varsovie, au
cœur de la cité, fut toujours poreux : le téléphone,
par exemple, continua d'y fonctionner jusqu'à
l'écrasement de l'insurrection, en mai 1943.

La rumeur tient dans le ghetto de Lodz une place
si centrale qu'un écrivain, Jurek Becker, enfant dans
le ghetto de Lodz, puis installé en Allemagne de
l'Est, en fait le cœur d'un de ses romans, *Jacob le
menteur* [2]. Son héros, Jacob, est conduit au poste de

1. L'article « Réflexions d'un historien sur les fausses nouvelles de la guerre » a d'abord été publié dans *La Revue de synthèse historique*, en 1921. Nous avons utilisé ici la remarquable
édition des *Écrits de guerre* déjà citée, p. 182.
2. Publié en allemand en 1969, la traduction en français

police pour s'être promené dans les rues du ghetto après le couvre-feu. Par hasard, il entend à la radio une information qui le transporte : « *Au cours d'une bataille défensive acharnée, nos troupes ont stoppé l'attaque bolchevique à vingt kilomètres en avant de Bezanika au prix de combats héroïques.* » Cette information, il brûle de la divulguer. Mais son histoire — être ressorti vivant du poste de police — est trop invraisemblable pour être crédible. Il s'invente donc la possession d'un poste de radio qui ne diffusera que des bonnes nouvelles. « *L'espoir ne doit pas s'endormir, sinon ils ne survivront pas,* pense le héros de Becker. *Il sait précisément que les Russes progressent. Il l'a entendu de ses propres oreilles, et s'il y a un Dieu au ciel, il faudra bien qu'ils arrivent jusqu'à nous. Et s'il n'y a pas de Dieu, il faudra bien également qu'ils parviennent à nous et si possible qu'ils trouvent le maximum de survivants. Cela en vaut la peine* [1]. » Car la fausse nouvelle, dans le ghetto de Lodz comme dans celui de Varsovie, a principalement une fonction rassurante. Elle est un leurre. Elle permet de fantasmer une libération possible, de maintenir un lien imaginaire avec un monde où l'on se bat contre l'ennemi qui veut la mort des Juifs. Elle brise aussi le sentiment d'être hors du monde. abandonné de tous. Marc Bloch raconte de même comment, dans les derniers jours de la retraite dans les débuts de la Grande Guerre, un de ses chefs lui annonça que les Russes

---

paraît en 1975 aux Éditeurs français réunis. Il a été réédité en 1988 chez Grasset. Nous remercions Karla Grierson d'avoir attiré notre attention sur cette œuvre.

1. Jurek Becker, *Jacob le Menteur, op. cit.,* pp. 77-78.

bombardaient Berlin, et qu'il n'eut pas « *le courage de repousser cette image séduisante ; j'en sentais vaguement l'absurdité et je l'eusse certainement rejetée si j'avais été capable de réfléchir sur elle ; mais elle était trop agréable pour qu'un esprit déprimé dans un corps lassé eût la force de ne l'accepter point* » [1]. Bien des chroniqueurs, « dont l'esprit était déprimé » et « le corps lassé » par la faim, la maladie ont mis en branle un mécanisme analogue à celui que décrit l'historien. C'est dire l'intérêt de l'étude des témoignages pour l'enrichissement de la connaissance des mécanismes que les hommes mettent en œuvre dans les situations extrêmes.

Aux archives des ghettos s'ajoutent les journaux, les chroniques individuelles, et les récits dont les auteurs ont voulu qu'ils fussent des livres et dont une partie nous est parvenue, par des voies toujours étranges. Une petite poignée d'entre eux ont été publiés, mais l'Institut historique juif de Varsovie en conserve 321, retrouvés dans les ruines, dans les décharges à ordures et ailleurs, légués par des survivants à l'Institut [2] ou rapportés par celui qui en avait fait la découverte inopinée. Beaucoup aussi disparurent avec leurs auteurs. « *Après chaque déportation successive,* raconte Michel Borwicz, *lorsque les ruelles du ghetto étaient saturées d'un silence de sang et les logements imprégnés du vide créé par l'absence de milliers de per-*

1. Marc Bloch, *op. cit.,* p. 182.
2. « Future Utilization and Unexploited Archival Sources on the Shoah in Poland », *in* colloque cité.

sonnes fraîchement arrachées, les détachements allemands spéciaux " confisquaient " les meubles et les biens abandonnés. Sur les trottoirs traînaient alors des débris provenant de l'inventaire pillé. Parmi eux, on pouvait souvent apercevoir des feuilles couvertes d'écriture. Prises dans des trous et des tiroirs divers par les guerriers et jugées par eux sans valeur, elles furent jetées dehors, vouées à l'anéantissement. C'est probablement de telle façon que succombèrent les nombreux écrits dont nous connaissons l'existence, parfois les titres et les thèmes, mais qui ne se trouvent plus dans aucune collection conservée [1]. » La plus célèbre de ces chroniques, longtemps la seule accessible en français ou en anglais, dans une édition dont la rigueur scientifique laisse très largement à désirer, est celle qu'Emmanuel Ringelblum rédigea à Varsovie [2], parallèlement à son entreprise d'archivage.

Michel Borwicz, qui fut le pionnier de l'étude de ces témoignages et dont l'ouvrage n'a pas la place qui lui revient, observe que la grande vague des écrits des ghettos, la mutation de leur contenu coïncident avec le tournant qui s'opère, en 1942, dans la conscience collective. Jusqu'en 1942, on croit « *inlassablement à l'imminente défaite de l'Allemagne. Le salut d'un certain nombre de victimes restait donc possible et probable* » [3]. Après le début des grandes déportations

1. Michel Borwicz, *op. cit.*, p. 50.
2. Emmanuel Ringelblum, *Chronique du ghetto de Varsovie*, version française de Léon Poliakov, *op. cit.*
3. Michel Borwicz, *Écrits des condamnés à mort sous l'occupation nazie*. Cette étude sociologique est en fait une thèse, soutenue en 1952 en Sorbonne devant un jury composé des professeurs Renouvin, Gurvitch et Fabre. Nous utilisons ici l'édition

des ghettos vers les centres de mise à mort, la croyance en l'imminence de la défaite nazie ne faiblit pas, mais elle s'accompagne de la prescience : « l'achèvement *des derniers survivants juifs* » [1]. Et Michel Borwicz de citer un dicton populaire de l'époque : « *Il n'y aura aucun héritier ni aucune mémoire.* » L'écriture devient alors besoin vital de garder la trace d'événements qui défient l'imagination et, nous y reviendrons, de s'assurer l'immortalité.

Les voies par lesquelles ces écrits ont cheminé jusqu'à nous appartiennent aussi à l'histoire du témoignage. Prenons un seul exemple : celui du *Livre retrouvé*, édité et étudié par Nicole Lapierre. « *C'est un livre sauvé* », écrit la sociologue dans la présentation de l'ouvrage de Simha Guterman. Elle raconte qu'à la fin de l'année 1978, deux Polonais de Lodz, Tadeusz Szczeniak et Josef Pinkert, apportèrent à l'Institut juif de Varsovie une bouteille cachetée à la cire contenant des écrits en caractères hébraïques. Cachée sous les marches d'un escalier, la bouteille avait été retrouvée à Radom, lors de la reconstruction d'une maison. Dans cette bouteille, « *de longues et étroites bandes de papier, roulées serrées, numérotées et couvertes d'une écriture en yiddish, si petite par endroits qu'elle en était presque illisible* ». C'était, daté de janvier-mai 1942, l'histoire des Juifs de Plock, entre le début de l'occupation allemande et la « liquidation » du ghetto [2].

---

augmentée par l'auteur parue en 1973 dans la collection « Idées », chez Gallimard, p. 49.

1. Souligné par l'auteur. Michel Borwicz, *op. cit.*, p. 48.

2. Simha Guterman, *Le Livre retrouvé*, édité et présenté par Nicole Lapierre, traduit du yiddish par Aby Wieviorka, Plon, 1991, p. 15.

Il arrive aussi que le document soit connu, conservé dans un centre d'archives, mais que, pour des raisons qui tiennent aux convenances, ou à l'idéologie, sa publication ait été différée. Ce fut notamment le cas des *Carnets* du président du ghetto de Varsovie, Adam Czerniakow. En 1968, alors qu'il se trouvait en séjour d'études à Jérusalem, Raul Hilberg apprit de la bouche de Josef Kermisz, l'archiviste de Yad Vashem, qu'il possédait les *Carnets* de Czerniakow, rédigé en polonais. Comment ce Journal était-il arrivé en Israël ? En 1964, l'ambassade d'Israël au Canada avait acquis le Journal d'une femme, Rosalia Pietkewicz, qui affirmait l'avoir elle-même acheté en 1959. En fait, de son vrai nom Rosa Braun, cette femme avait pu sortir du ghetto de Varsovie avec les *Carnets* de Czerniakow, et se cacher du côté « aryen » de la ville. En quittant la Pologne, elle avait emporté les *Carnets* et les avait négociés pour 10 000 dollars. Publié d'abord en polonais dans le bulletin de l'Institut historique juif de Varsovie, l'édition critique en anglais, mise au point par Raul Hilberg et Stanislas Staron, voyait le jour en 1982[1]. Qu'est-ce qui avait ainsi pu retarder la publication d'un tel document ? Sans aucun doute, le fait qu'il émanait du dirigeant du Judenrat de la plus grande concentration juive de Pologne. C'est que la question du rôle des Conseils juifs fut,

---

1. *The Warsaw Diary of Adam Czerniakow*, Raul Hilberg, Stanislas Staron, Josef Kermisz, Stein and Day, New York, 1982 (version française : *Carnets du ghetto de Varsovie*, traduite du polonais par Jacques Burko, Maria Elster et Jean-Charles Szurek, avec une postface et des notes préparées et adaptées par Jean-Charles Szurek, Paris, La Découverte, 1996).

dès leur création, âprement discutée, leurs dirigeants furent l'objet d'un très large opprobre, et les milieux qui s'intéressaient au génocide, exclusivement juifs jusqu'aux années soixante, manifestaient davantage d'ardeur à retracer l'histoire de la Résistance juive qu'à se pencher sur l'analyse des appareils juifs mis sur pied dans les ghettos par les Allemands pour organiser la vie des Juifs et surtout faire transiter leurs directives. Il fallut que le temps passât, que la polémique issue du procès d'Adolf Eichmann à Jérusalem, sur lequel nous reviendrons, et des assertions d'Hannah Arendt pour qui les Juifs, par le biais de leurs conseils, avaient contribué à leur propre mort, incitât les historiens à analyser avec moins de passion la complexité des situations dans lesquelles se trouvèrent les dirigeants juifs, pour qu'une telle publication fût possible.

L'ouvrage de Calel Perechodnik, paru sous le titre *Suis-je un meurtrier ?* [1], connut un destin analogue. Calel Perechodnik avait été policier dans le ghetto d'Otwock, une petite ville de villégiature à quelques kilomètres de Varsovie. Il échappa à la « liquidation » du ghetto, au cours de laquelle sa fillette de deux ans et sa femme furent déportées. Après diverses pérégrinations, il se cacha dans la Varsovie « aryenne », et dans sa cachette rédigea son ouvrage. Calel Perechodnik, comme Simha Guterman, périt lors de l'insurrection de Varsovie en août 1944. Mais il avait confié son manuscrit à un ami polonais,

---

1. Calel Perechodnik, *Suis-je un meurtrier ?*, traduit du polonais par Aleksandra Kroh et Paul Zawadzki, préface de Jacques Burko et Annette Wieviorka, Liana Levi, 1995.

Wladyslaw Blazewski, qu'il nomme « magister » dans son ouvrage, et qui le remit à son frère qui avait passé la guerre en Union soviétique. Une copie du manuscrit fut déposée à l'Institut d'histoire des Juifs de Varsovie, accessible à tous depuis près de cinquante ans. Il fallut pourtant attendre 1993 pour qu'un historien polonais, Pawel Szapiro, publie ce document unique, car les membres des polices juives des ghettos n'ont guère témoigné. En effet, si beaucoup témoignent, certaines catégories s'en sont abstenues et s'en abstiennent toujours. Primo Levi avait déjà noté qu'il n'existait, en ce qui concerne les camps, aucun témoignage de ceux qui s'étaient asservis aux autorités du camp [1]. Nathan Beyrak, responsable d'un des grands projets d'interviews de survivants de la déportation en Israël, se désole : « *Nous n'avons pas réussi à interviewer des personnes qui avaient appartenu à la police juive, ou qui n'étaient pas particulièrement convenables* [2]. » Perechodnik nous introduit dans des zones où nous n'allons qu'avec une très grande répugnance, au cœur de la violence, de la cruauté humaine. L'acuité psychologique, l'extrême lucidité qui confine à la cruauté et

---

1. Primo Levi, *Les Naufragés et les rescapés. Quarante ans après Auschwitz*, Paris, Gallimard, 1989, p. 18.
2. Nathan Beyrak, « To Rescue the Individual out of the Mass Number : Intimacy as a central Concept in oral History », *in*, sous la direction de Maurice Cling et Yannis Thanassekos, *Ces visages qui nous parlent*, Actes de la rencontre audiovisuelle internationale sur le témoignage des survivants des camps de concentration et d'extermination nazis, Bruxelles-Paris, Fondation Auschwitz et Fondation pour la Mémoire de la Déportation, 1995, p. 141.

rend la lecture de l'ouvrage à la limite du soutenable sont probablement rendues possibles par la certitude qu'a son auteur qu'il ne survivra pas. La mort inéluctable l'autorise à rendre publics des sentiments ou des analyses qu'il aurait probablement dû celer s'il avait réintégré la communauté des humains. La mort assurée lui permet aussi de décrire chez les autres ces mêmes sentiments. Comment aurait-il pu le faire s'il avait envisagé un seul instant de revivre parmi eux ? Nous avons beaucoup à apprendre de Perechodnik. Mais peut-être préférons-nous ne pas savoir ce que certaines situations peuvent dévoiler de la nature humaine et des mécanismes sociaux.

Ces écrits ont un point commun : ils sont tous des mémoires d'outre-tombe. Au-delà de ce point commun, ils sont très différents les uns des autres. Il y a parmi eux des journaux, au sens propre du terme, c'est-à-dire des écrits où l'auteur note au jour le jour ce qui lui arrive, ce qu'il perçoit, ce que la rumeur lui apporte, ce qu'il ressent. Certains de ces journaux sont rédigés en style lapidaire. Ce sont des notes dont la fonction essentielle est de garder en mémoire des événements, des faits. Ainsi, Adam Czerniakow, doyen du Judenrat de Varsovie, porte sur lui en permanence de petits carnets sur lesquels il consigne diverses données, les agrémentant parfois d'une réflexion ou d'une citation d'écrivain. Car, comme Raul Hilberg l'explique dans le film de Claude Lanzmann, *Shoah* : « *Chaque jour ou presque, il écrivit :/sur le temps qu'il fait,/sur ses rendez-vous matinaux/sur tout. Mais il n'omit jamais d'écrire./Quelque chose en lui le porta, le poussa, l'astreignit au cours/des années,/presque trois ans de sa vie/sous la loi alle-mande* [1]*./* » Le style de Czerniakow est le plus sou-vent — mais pas toujours — télégraphique, sans effet littéraire, « *dépourvu d'emphase* » [2]. C'est un do-cument d'une extrême importance. Comme le note Raul Hilberg, qui passa selon ses propres termes « *près de six ans en compagnie de Czerniakow* », « *voyeur* », « *ombre dans le bureau de Czerniakow* », les *Carnets* de Czerniakow dressent un pont entre les exécuteurs et les victimes. Avec lui, écrit-il, « *je franchissais cette fron-tière lorsqu'il allait se livrer à ses difficiles tractations offi-cielles avec les Allemands, et m'en retournais, accablé, vers le monde juif. Je restais auprès de lui pour comprendre comment il se débattait face aux problèmes de logement, d'approvisionnement, de famine, de maladies, d'impôts et de police, afin de l'observer aussi tandis qu'il lui fallait écouter la plainte incessante des femmes juives qui implo-raient son aide derrière la porte de son bureau* ». Et il conclut, un peu désabusé : « *Le jour où les* Carnets *furent publiés aux États-Unis, je crus que nous ouvrions cette lucarne à un public plus nombreux.* » Or, le public ne souhaite pas regarder par la lucarne ce qui se passait vraiment dans le ghetto ; il n'accepte de regarder que si on lui présente un récit *soft* des évé-nements. Il ne souhaite peut-être pas non plus remettre en question quelques idées simples : d'un côté, les « bons », les « héros », les résistants, ceux de l'insurrection du ghetto de Varsovie ; de l'autre, les « méchants », les « collaborateurs », les membres du

1. *In* Claude Lanzmann, *Shoah*, préface de Simone de Beauvoir, Fayard, 1985, p. 198.
2. *Idem.*

Judenrat. Lire Czerniakow, c'est se mettre dans un autre état d'esprit que celui de juger. C'est vouloir comprendre un homme et la situation historique qu'il choisit d'assumer, et qui est celle d'une absolue aporie, jusqu'au moment où il n'en peut plus et où il se suicide. Les *Carnets* eurent quand même des lecteurs, certes, en nombre limité, dans leur traduction en français. Peut-être parce que Claude Lanzmann filma pour *Shoah* Raul Hilberg évoquant sa recherche alors en cours sur Czerniakow et qu'il fit lire à l'historien devant la caméra des passages des *Carnets*. « *Quand j'eus fini*, raconte Hilberg, *Lanzmann me dit : " Tu étais Czerniakow* [1]*. "* » Peut-être aussi parce que, comme le souligne Richard Marienstras, il y a dans les *Carnets* de Czerniakow une « *étrange modernité* » qui vient, selon lui, « *de ce que les efforts brisés qu'il évoque s'accordent obliquement et mystérieusement au monde sans finalité qui est le nôtre, où il ne peut y avoir de réussite puisqu'il n'y a pas de but. Tout se solde par l'échec, même quand, nous leurrant, nous croyons toucher au terme d'un effort ou d'un voyage ou d'une entreprise* » [2]. C'est peut-être cette « *étrange modernité* » qui dérange. Les *Carnets* de Czerniakow ne suscitèrent jusqu'à ce jour aucune étude critique, aucune étude approfondie. Il faudrait se demander pourquoi aujourd'hui les deux auteurs qui sont les plus souvent cités, et sur lesquels est en train de

1. Tous les renseignements et les citations sont extraits du chapitre de Raul Hilberg, « Le *Journal* d'Adam Czerniakow », in *La Politique de la mémoire*, Paris, Gallimard, 1996 pour la traduction française, pp. 168-179.
2. Richard Marienstras, *Diasporiques*, n° 1, 1er trimestre 1997, p. 5.

s'écrire une véritable bibliothèque, sont Primo Levi et Robert Antelme, deux auteurs survivants du système concentrationnaire et qui ne sont ni l'un ni l'autre emblématiques du génocide des Juifs.

Nous pourrions évoquer d'autres journaux, concernant le ghetto de Varsovie, écrits en yiddish, en hébreu ou en polonais, traduits et publiés tout à la fois en français et en anglais, ceux de Chaïm Kaplan [1], d'Abraham Lewin [2], de Mary Berg [3] ou encore du grand pédagogue Janusz Korczak [4]. Il faudrait y ajouter les écrits retrouvés dans le périmètre des énormes chambres à gaz-crématoires d'Auschwitz-Birkenau qui a été fouillé de façon systématique. Ces écrits sont de deux sortes. D'abord ceux des membres du *Sonderkommando,* dont la tâche était d'incinérer les cadavres. Sur la trentaine d'écrits dissimulés dans le périmètre du camp, trois seulement nous sont parvenus : ceux de Leib Langfus, de Zalman Lewental et de Zalman Gradowski [5]. Mais on retrouva aussi dans ce périmètre d'autres

1. Chaïm A. Kaplan, *Chronique d'une agonie. Journal du ghetto de Varsovie,* découvert et présenté par Abraham I. Katsch, avant-propos de Jean Bloch-Michel, Paris, Calmann-Lévy, 1966.

2. Abraham Lewin, *Journal du ghetto de Varsovie. Une coupe de larmes,* édition établie par Abraham Polonsky, traduit de l'anglais par Dominique Dill, Paris, Plon, 1990.

3. Mary Berg, *Le Ghetto de Varsovie* (journal), recueilli par S. L. Schneiderman, traduit par L. Baillon de Wailly, Paris, Albin Michel, 1947.

4. Une nouvelle édition du *Journal du ghetto,* augmentée de lettres et de documents inédits, est parue en 1998 chez Robert Laffont, traduit du polonais par Zofia Bobowicz.

5. Ces textes se trouvent dans Bernard Mark, *Des voix dans la nuit : la résistance juive à Auschwitz-Birkenau,* Paris, Plon, 1982.

écrits, apportés avec leur maigre bagage par ceux des ghettos, et qui furent eux aussi dissimulés dans la terre.

Le témoignage se mue parfois en littérature. Un vrai livre est supposé mieux assurer la transmission. Mais surtout, dans un paysage où la mort est omniprésente, chemine l'idée que l'œuvre, elle, est immortelle, qu'elle seule peut assurer le souvenir, c'est-à-dire l'éternité. C'est dire la confiance mise dans l'écrit et, en dernière analyse, l'irréductible humanité des victimes. Dans le ghetto de Lodz, Abraham Cytryn, un adolescent né en 1927, se veut écrivain et témoigne de la vie dans le ghetto par des nouvelles, de courts récits, des poèmes [1]. Le livre, car il voulait que ce fût un livre et non un simple témoignage, de Simha Guterman est un récit : « *Il était clair [...],* écrit Nicole Lapierre, *que c'était plus qu'un journal. Le souci littéraire de l'auteur était évident. Il avait eu la volonté de faire de cette chronique un véritable texte, écrit, construit, découpé en chapitres, articulé autour de scènes et de personnages clés. Un livre pour vivre ! ultime résistance contre l'oubli et la mort : il avait écrit pour qu'un jour, peut-être, dans un monde où il ne serait plus, des lecteurs découvrent la souffrance que lui et les siens avaient connue [2].* » Suis-je un meurtrier ?,

1. Les Cahiers d'Abraham Cytryn, *Récits du ghetto de Lodz,* préface de Luba Jurgenson, traduit du polonais par Véronique Patte, Paris, Albin Michel, 1995.

2. Nicole Lapierre, *in* Simha Guterman, *Le Livre retrouvé, op. cit.,* p. 19.

l'ouvrage de Calel Perechodnik [1] appartient à la même catégorie que celui de Simha Guterman. Après la liquidation du ghetto d'Otwock, alors qu'il est caché dans la partie « aryenne » de Varsovie, Calel Perechodnik rédige un véritable livre, un enfant de papier, à la mémoire de sa fille de deux ans que, en tant que membre de la police juive du ghetto, il a lui-même conduite à l'*Umschlagplatz*, la place de transbordement, d'où les Juifs d'Otwock furent déportés : « *Dans le temps*, écrit-il, *je désirais un enfant pour qu'il perpétuât ma mémoire quand je ne serais plus là. Maintenant je suis complètement seul, je ne laisserai aucun être vivant derrière moi ; aussi ai-je engendré un fœtus mort et lui ai-je insufflé la vie. Ce fœtus, ce sont ces mémoires qui — je le crois — seront un jour publiés afin que le monde entier apprenne tes souffrances. Je les ai écrits à ta gloire, pour t'immortaliser. Puisque notre fille ne vit plus, il me faut soigner ce deuxième enfant, le protéger jusqu'au jour où aucune force ne pourra plus le tuer [...] Je sens l'immortalité en moi, car j'ai créé une œuvre immortelle, je t'ai immortalisée* [2]. » Comment être plus clair : c'est bien la protestation contre la mort, le besoin de laisser une trace, d'assurer une filiation, qui est le moteur de cette écriture.

Comme on le voit, les premiers témoignages, ceux du temps des ghettos, de l'anéantissement, sont des témoignages d'hommes qui n'ont pas survécu. Ils obéissent, sous des formes différentes, à un même désir, où l'individuel rejoint le collectif.

1. Calel Perechodnik, *Suis-je un meurtrier ?*, *op. cit.*
2. *Idem*, p. 259.

L'homme qui va mourir sait qu'il ne laisse pas de descendance derrière lui, que personne ne dira la prière des morts ni ne commémorera l'anniversaire de la mort comme il est de tradition dans le judaïsme. Et il sait en outre que le peuple auquel il appartient sera effacé de la terre. Comment faire pour qu'il ne disparaisse pas des mémoires et de l'histoire ?

Ce premier mouvement de témoignages de masse ne s'arrête pas avec la libération du continent européen du nazisme. Il se perpétue, sous deux formes principalement. La poésie yiddish, d'abord, qui tient là une place particulière : « *La poésie* en tant que témoignage *est la voix humaine qui dit l'irréductible humain* [1] », écrit Rachel Ertel qui a consacré à ce thème un ouvrage fondamental, *Dans la langue de personne.* Mais aussi, dans un autre registre, par la rédaction collective des livres du souvenir [2], les *Yizker-bikher.* Dès la capitulation allemande, nous l'avons déjà mentionné, des comités historiques se réunirent dans les camps pour personnes déplacées

1. Rachel Ertel, *Dans la langue de personne. Poésie yiddish de l'anéantissement,* Paris, Seuil, 1993, p. 28.
2. Sur les livres du souvenir, voir Annette Wieviorka et Itzhok Niborski, *Les Livres du souvenir. Mémoriaux juifs de Pologne,* Paris, Archives-Gallimard, 1983 ; *From a ruined Garden. The Memorial Books of Polish Jewry,* édité et traduit par Jack Kugelmas et Jonathan Boyarin, New York, Schocken Books, 1983. Cet ouvrage comporte une bibliographie, exhaustive à sa date de parution, des livres du souvenir établie par Zacharie M. Baker.

et constituèrent des commissions pour rassembler les témoignages des survivants et établir la chronique du massacre. Mais la chronique du massacre est indissociable de l'évocation de la vie d'avant le génocide. Car pour le monde yiddish, il y a *hurbn*, destruction, non parce que le nombre de victimes fut immense, mais parce que la totalité de leur monde a été détruit. Ce n'est pas le chroniqueur professionnel — rabbin ou talmudiste érudit, historien ou ethnologue —, comme par le passé, qui tient la plume. On donne la parole à tout le monde. « *Tout le monde écrivait* », notait Ringelblum pour le ghetto de Varsovie. Après la libération du nazisme, tous ceux qui ont survécu écrivent à leur tour. Avoir vécu dans une communauté juive, être rescapé du génocide, même si la personne a vécu la guerre en Palestine ou aux États-Unis, à l'abri du nazisme, suffit à légitimer l'écrit et la parole. Ces écrits et ces paroles sont rassemblés dans des ouvrages désignés du terme de *Yizker-bikher*, livres du souvenir, qui se situent à la croisée de deux traditions : celle, mémorialiste, du *Memorbukh*, le livre qui contenait le martyrologe de la communauté, et celle de l'école historiographique juive née après la Grande Guerre dont nous avons déjà évoqué quelques figures et qui adoptait pour l'histoire des Juifs les méthodes utilisées dans la même période par les historiens étudiant d'autres thèmes. En effet, chaque *Kehila*, chaque communauté juive, possédait un *Memorbukh*, qui comportait le martyrologe des habitants de l'endroit, ceux qui, lors des massacres qui avaient accompagné les croisades, par exemple, étaient morts pour le *Kiddoush HaShem*, la Sanctification du

Nom. Le génocide, que ces livres désignent le plus souvent comme le *dritter hurbn*, la troisième destruction, qui a suivi après quelque deux millénaires la destruction des deux Temples, a créé une situation nouvelle. Le massacre n'est plus simplement destruction de telle communauté, mort de tel personnage. Il est abolition totale d'une collectivité, d'une culture, d'un mode de vie, de ce qu'on appelle la *yiddishkeit*. Tout ce qui permet à l'homme de se repérer : sa langue, son histoire, son territoire, son réseau de sociabilité, et qui constitue habituellement les cadres de la mémoire, a été effacé. Il faut méditer le beau texte de Richard Marienstras pour tenter de comprendre ce que signifie le génocide pour les individus qui ont survécu à la destruction. « *Qu'un Français,* écrit-il, *essaie d'imaginer — mais peut-il imaginer cela jusqu'au bout ? — la France rayée de la carte et lui se retrouvant avec une poignée de francophones parmi des hommes très ignorants de ce que fut la collectivité à laquelle il appartenait et dont la langue, les mœurs, le paysage, l'histoire, la cuisine, les institutions, la religion, l'économie définissaient les modalités concrètes de son appartenance au genre humain : quel serait alors son goût de vivre — quelle possibilité aurait-il de s'identifier autrement que de la façon la plus extérieure au* projet[1] *de sa communauté d'accueil ? Même si ce projet ne lui paraissait pas simplement dérisoire et inepte, même s'il parvenait — car l'animal en l'homme est vivace — à imiter les gestes de tous ceux qui, autour de lui, prépareraient un avenir où sa façon d'être à lui n'aurait aucune place — comment donnerait-il à ce projet la même dévotion, la*

1. Souligné dans le texte.

même adhésion que tous ceux qui, autour de lui, pour-raient en agissant projeter l'ancien dans le nouveau et, par le mouvement créateur de la vie, se perpétuer en se renouvelant, se reconstruire selon une image qui ne nie-rait pas radicalement, absolument, insupportablement ce qu'ils sont et ce qu'ils furent [1] ? »

La rédaction de ces livres du souvenir est volonté ou nécessité de se souvenir, de faire renaître par des mots imprimés un univers anéanti. Travail du deuil collectif qui vise, par des récits et des photos, à reconstituer sur le papier l'objet perdu et à en retra-cer l'agonie. L'intérêt de ce corpus est donc évident. Il permet, ce que nous avons tenté de faire avec Itzhok Niborski, de réfléchir sur la construction de la mémoire collective, de façon pertinente puisque nous avons affaire, avec les quelque quatre cents livres du souvenir publiés, à un corpus d'une grande homogénéité : un ensemble de récits et de témoi-gnages d'une expérience vécue, parfois mythifiée, par une collectivité vivante, en fait survivante. Toute société fonctionne malgré et contre la mort. Mais elle n'existe aussi que par, avec, et dans la mort. Sa culture, c'est-à-dire un patrimoine collectif de savoirs, de savoir-faire, de normes, de formes d'or-ganisation, n'a de sens que parce que les généra-tions anciennes meurent et qu'il faut sans cesse la transmettre aux générations nouvelles. Les survi-vants de la Shoah issus du monde yiddish s'étaient retrouvés avec leur culture privée de sens. Les ponts coupés derrière eux interdisaient le retour, la trans-

1. Richard Marienstras, *op. cit.*, p. 11.

mission aux nouvelles générations apparaissait plus que problématique. Ceux qui avaient rédigé ces livres avaient voulu sauver les morts de l'oubli. Comme l'écrit Edgar Morin, « *la violence du trauma-tisme provoqué par ce qui nie l'individualité implique donc une affirmation non moins puissante de l'indi-vidualité, que ce soit la sienne ou celle de l'être cher ou proche. L'individualité qui se cabre devant la mort est une individualité qui s'affirme contre la mort* [1] ». Les livres du souvenir, avec leur théorie de portraits et leur litanie de noms, se voulaient une façon de sauver les morts du néant. Ceux qui rédigeaient ces livres honoraient un testament implicite qu'il faut comprendre au sens hébraïque d'Alliance ; non pas avec Dieu, mais alliance des vivants avec les morts, des morts avec les vivants. La spéci-ficité d'un individu n'existe jamais seule : c'est le groupe qui la lui confère. Redécouvrir la dimen-sion singulière implique la reconstruction de cette collectivité et de sa culture par les matériaux du souvenir. Là encore, l'individuel rejoint le collectif.

Les livres du souvenir sont restés ignorés, y compris par les descendants de leurs auteurs. Ils n'ont pas été transmis, alors que la transmission était l'objectif initial que leurs auteurs leur assi-gnaient. Le regard posé par les générations nées après la destruction, après la Shoah, sur le monde de leurs grands-parents était un regard aveugle. Juifs sans héritage — Alain Finkielkraut parla de

1. Edgar Morin, *L'Homme et la mort*, Paris, Seuil, 1976, p. 44.

«Juif imaginaire » [1] —, ils avaient le sentiment que du judaïsme ne leur avaient été transmises que les cendres des crématoires. Le lien entre les générations avait été brisé par la mort des grands-parents, ou, quand les grands-parents avaient survécu, plus prosaïquement, parce qu'elles ne pouvaient communiquer, les grands-parents parlant mal le français, les petits-enfants ignorant le yiddish. Les livres du souvenir insistaient sur le lien indissoluble devant relier dans les mémoires la vie juive « d'avant » le génocide et les générations nées après le second conflit mondial. Pourtant, ce lien tant désiré, tant évoqué, était impossible. Quelque chose avait été brisé qui empêchait le repérage dans l'histoire du groupe. Les générations nées après la guerre n'osaient même pas penser un roman des origines. L'anamnèse, la remémoration, semblait impossible. Elle trébuchait toujours sur le vide ouvert par le génocide. Ainsi, les livres du souvenir sont restés des cimetières que personne n'a jamais visités. Nous avions espéré, quand nous avons publié *Les Livres du souvenir. Mémoriaux juifs de Pologne,* au début des années quatre-vingt, alors que l'air du temps tournait à l'évocation constante de la mémoire assortie de la quête des racines, attirer l'attention sur ce corpus que nous jugions exceptionnel. Il n'en fut rien.

1. Alain Finkielkraut, *Le Juif imaginaire*, Paris, Seuil, 1983. Signalons aussi de Henri Raczymow, *Contes d'exil et d'oubli*, Gallimard, 1979 ; «Fin du peuple ashkénaze ? », *in*, sous la direction de Jean Baumgarten, Rachel Ertel, Itzhok Niborski, Annette Wieviorka, *Mille ans de cultures ashkénazes*, Paris, Liana Levi, 1994 ; et Nicole Lapierre, *Le Silence de la mémoire. A la recherche des Juifs de Plock*, Paris, 1989.

Dans les livres du souvenir, la filiation avec les *Memorbikher* se fait notamment par l'existence des listes des noms des morts. Le travail effectué par Serge Klarsfeld se rattache, consciemment ou non, à cette tradition. La publication du *Mémorial de la déportation des Juifs de France,* confectionné à partir des listes de déportés classées convois après convois, fut un véritable choc. Les familles dont les morts n'avaient pas de sépulture connaissaient enfin le destin des leurs. C'est probablement le *Mémorial* qui explique le lien très particulier qui s'est tissé entre Serge Klarsfeld et une partie des Juifs de France. Avec le *Mémorial des enfants*, Serge Klarsfeld tente de redonner une identité et un visage à chacun des 11 0000 enfants déportés de France et assassinés dans les chambres à gaz d'Auschwitz-Birkenau. Rendre vie et figer le dernier instant. Le travail de Serge Klarsfeld est bien de l'ordre du témoignage et du testament, même si les textes qu'il exhume, notamment les lettres des enfants, ont une tonalité très différente des récits des ghettos. Ce qui rend les lettres poignantes, c'est moins leur contenu en lui-même que le destin ultérieur de leur auteur. Alors que les récits des ghettos nous mettent en rapport avec une société confrontée à la cruauté, à la violence, à la mort, à la menace de la destruction et à sa réalité, les lettres des enfants nous mettent face à de jeunes vies pleines de promesses qu'on est venu rechercher systématiquement aux quatre coins de la France comme d'autres pays d'Europe pour les conduire dans les marais de Haute-Silésie et les mettre à mort, comme cela, sans raison apparente.

Depuis quelques années, la lecture des noms a

acquis une place primordiale dans les rituels com-
mémoratifs à caractère national. Jusqu'à la fin des
années quatre-vingt, les noms étaient seulement lus
dans les cimetières, à une date choisie pendant la
période dite « des jours redoutables », entre Rosh-
Hashanah, la nouvelle année juive, et Yom Kippour,
le jour du grand pardon. C'était donc une cérémo-
nie à caractère semi-privé, devant les caveaux appartenant aux associations d'originaires ou des organisations politiques qui étaient autant de cénotaphes
puisque les noms des morts sans sépulture, « victimes de la barbarie nazie », y avaient été gravés. Ces
cérémonies n'ont pas disparu, mais l'assistance s'est
réduite comme une peau de chagrin. Dans certains
caveaux, celui de l'*Arbeter Ring,* l'organisation bundiste, les noms des morts ont été gravés dans la seule
langue yiddish, langue que la deuxième génération
de l'immigration est en général incapable de lire.

Désormais, des noms sont lus, non plus dans le
seul espace du cimetière, mais dans l'espace public.
Leur lecture ne s'adresse plus à telle communauté :
la communauté religieuse, le groupement d'originaires, les anciens d'un mouvement politique, mais
à tous : aux descendants des victimes comme à ceux
venus des pays du bassin méditerranéen qui n'ont
pas connu l'occupation nazie ; aux Juifs et à ceux
qui ne le sont pas. Le jour du Yom Hashoah, le jour
de commémoration du génocide, que la Knesset
avait fixé par une loi votée le 21 avril 1951 au
27 Nissan, le quatrième mois du calendrier
hébraïque, à Yad Vashem, à Jérusalem, sur l'emplacement du Vélodrome d'hiver à Paris, devant le
Capitole à Washington, des hommes, des femmes et

des enfants se relaient pour égrener pendant vingt-quatre heures la litanie des noms.

Les livres du souvenir posent le problème de la langue du témoignage. Problème qui taraude le poète d'expression yiddish Avrom Sutzkever [1] alors qu'il est pressenti par les Soviétiques pour témoigner au procès international de Nuremberg, où il est d'ailleurs, pour l'ensemble du procès, le seul témoin de l'anéantissement des Juifs. Dans le Journal qu'il tenait à l'époque, il note en date du 17 février 1946 : « *J'irai à Nuremberg [...]. Je mesure la responsabilité écrasante qui m'incombe dans ce voyage. Je prie pour que les âmes évanouies des martyrs se manifestent à travers mes paroles. Je veux parler en yiddish. Pas question d'une autre langue. J'en ai parlé à Ehrenbourg, au procureur Smirnov et à tous les autres. Je veux parler dans la langue du peuple que les accusés ont tenté d'exterminer. Je veux parler notre mameloshn [langue maternelle. N.d.T.]. Qu'elle retentisse et qu'Alfred Rosenberg s'effondre. Que ma langue triomphe à Nuremberg comme symbole de pérennité [2] !* » Avrom Sutzkever arrive à

1. Né en 1913, interné dans le ghetto de Vilna (voir son témoignage : « Le ghetto de Vilna », in *Le Livre noir*, textes réunis par Ilya Ehrenbourg et Vassili Grossman, Solin-Actes-Sud, 1995, pp. 499-590), il s'en évade, rejoint les partisans, est évacué sur Moscou. Il quitte l'URSS en 1946 et s'installe en Israël en 1948. Un de ses recueils, *Où gîtent les étoiles*, a été traduit en français, Paris, Seuil, 1988.

2. Avrom Sutzkever, « Mon témoignage au procès de Nuremberg », traduit du yiddish par Gilles Rozier, *Europe*, n° spécial, « Les écrivains et la guerre », août-septembre 1995, pp. 140-153. Les notes sont reproduites telles qu'elles ont été écrites, à l'exception de quelques corrections syntaxiques. Nous remercions Gilles Rozier de nous avoir fait connaître ce texte.

Nuremberg le 21 février 1946. Il note alors dans son journal : « *Et moi, peut-être le seul poète yiddish rescapé de toute l'Europe occupée, je viens au procès à Nuremberg, non seulement pour déposer, mais comme témoin vivant de l'immortalité de mon peuple.* » Le lendemain, le poète note que Rudenko, le procureur soviétique, a déjà avisé le procureur américain Jackson du désir de Sutzkever de témoigner en yiddish. Le seul obstacle est d'ordre technique. « *Ce sera la première déposition du procès en yiddish. Je prie Dieu que l'on trouve un traducteur.* » Les jours suivants, Sutzkever apprend que l'accusation soviétique tergiverse, que le nombre de ses témoins se réduit à la portion congrue. « *Les chances que je puisse témoigner, indique-t-il le 25 février, alors que le réquisitoire soviétique prend fin le lendemain, sont de plus en plus faibles.* » Et il ajoute : « *J'ai le sentiment qu'il y a des réticences concernant ma présence à la barre des témoins.* » Finalement, il témoigne, le 17 février 1946, pendant trente-huit minutes. En russe.

Or, la question de la langue du témoignage est fondamentale. Il ne s'agit pas seulement de savoir dans quelle langue le témoin est le mieux à même de s'exprimer, comment il est capable d'aller au plus profond de sa mémoire, comme pourrait le faire croire le débat qui anime sur ce point les diverses organisations qui se fixent aujourd'hui comme objectif les collectes systématiques de témoignages et qui sont toutes, à des degrés divers, influencées par la psychanalyse. La question de la langue est au cœur de la double question cruciale pour l'historien : d'où témoigne-t-on ? de quoi témoigne-t-on ? Est-on un témoin de l'univers concentrationnaire nazi, comme le sont avec une extraordinaire acuité et leur talent particulier, chacun dans son domaine, Charlotte Delbo, David Rousset ou Robert Antelme, et, bien que Juif, Primo Levi ? ou témoigne-t-on de la mort d'un peuple ? Xavier Léon-Dufour analysant les usages du mot témoin dans le Nouveau Testament note : « *Le témoignage ultime est celui du sang, celui qu'après avoir prophétisé les deux témoins* [1] *ont versé. En français, on l'appelle du mot même "martyre" : le témoin est associé à la destinée de celui dont il témoigne* [2]. » Or le yiddish, note Rachel Ertel, est « *la seule langue qui a partagé le sort de ses locuteurs. Même si elle survit encore ici et là, chez quelques individus ou quelques groupes marginaux, elle est morte à Auschwitz, Majdanek, Treblinka et Sobibor avec le peuple qui la parlait. Les écrivains et les poètes yiddish sont donc les seuls qui parlent du fond de la mort de leur peuple, et du fond de la mort de leur langue. Ils sont les seuls à écrire dans la surdité du monde, avec la conscience d'être sans filiation, les seuls à écrire dans la langue de personne. La mort d'une langue est irrémédiable. Si la littérature yiddish de l'Anéantissement n'est comparable à aucune autre, comme dit Élie Wiesel, ce n'est pas parce qu'elle est plus authentique, c'est parce qu'elle parle dans une double mort* [3]. »

C'est dans cette langue qu'Élie Wiesel écrivit son premier livre, son premier témoignage, dix ans après avoir été libéré à Buchenwald, *Un di Velt hot*

1. Il s'agit des deux témoins dans l'Apocalypse.
2. Xavier Léon-Dufour, *Dictionnaire du Nouveau Testament*, Paris, Seuil, 1996.
3. Rachel Ertel, « Écrit en yiddish », *in* Michael de Saint-Chéron, *Autour d'Élie Wiesel*, Odile Jacob, 1996, p. 24.

geshvign (Et le Monde se taisait) qui deviendra, dans une version fort différente, *La Nuit* [1].

Le récit en yiddish d'Élie Wiesel est écrit en 1954 avec une extrême rapidité, pendant qu'il traverse l'Atlantique à bord d'un paquebot qui l'emmène de l'Europe au Brésil. Le livre est publié en 1956 en Argentine, par Mark Turkow, dans une série qui connut un grand succès dans le monde yiddish, *Dos poylishe Yidntum* (judaïcité de Pologne) dont il constitue le 117e volume. Pourtant, Élie Wiesel n'est pas originaire du judaïsme polonais mais du judaïsme transylvanien, tantôt rattaché à la Hongrie, tantôt à la Roumanie. De cette importante série, un seul ouvrage a été traduit en français, tardivement : les mémoires du ghetto de Varsovie du comédien Ionas Turkow, *C'était ainsi...*, écrits immédiatement après la guerre à l'aide de documents que l'auteur avait cachés dans le ghetto de Varsovie et qu'il retrouva [2].

Et le monde se taisait est un volume épais de 245 pages, bien plus copieux que ne l'est sa version française, *La Nuit*, qui n'en compte que 178. En

---

1. La bibliographie sur Élie Wiesel est surabondante. Pourtant, probablement par ignorance de la langue yiddish, nul n'avait jusqu'à tout récemment songé à analyser de façon comparée le premier témoignage de Wiesel en yiddish et la reprise du même récit en français. C'est désormais chose faite avec la publication de deux articles parus en même temps, celui de Rachel Ertel, « Écrit en yiddish », art. cité, et celui de Naomi Seidman, « Élie Wiesel and the Scandal of Jewish Rage », *Jewish Social Studies*, vol. 3, n° 1, automne 1996.

2. Ionas Turkow, *C'était ainsi, 1939-1943. La vie dans le ghetto de Varsovie*, traduit du yiddish par Maurice Pfeffer, Paris, Austral, 1995. (En yiddish : *Azoi iz es geven*, Buenos Aires, 1948.)

français, l'ouvrage d'Élie Wiesel apparaît comme un ouvrage parmi les autres, appartenant à la littérature générale, même si les éditions de Minuit ont déjà publié en 1958 quelques récits de survivants de camps de concentration, comme *Les Morts inutiles*, de François Wetterwald (1946) et qu'elles entreprendront, à partir de 1960, la publication de l'œuvre de Charlotte Delbo. Il ne relève donc pas, à la différence de l'ouvrage en yiddish, d'une collection spécialisée.

Une historienne américaine, Naomi Seidman, a entrepris la comparaison minutieuse des deux ouvrages d'Élie Wiesel. La différence dans la taille des récits est due pour l'essentiel au fait que la version yiddish est attentive aux détails, alors que l'ouvrage en français est plus elliptique. Un seul exemple : *La Nuit* présente Sighet, la ville natale d'Élie Wiesel, comme « cette petite ville de Transylvanie où j'ai passé mon enfance [1] ». Dans *Et le monde se taisait*, Sighet n'était pas « une petite ville » mais « la ville la plus importante (*shtot*), celle dont la population juive est la plus nombreuse de la province de Marmarosh ». Élie Wiesel détaillait alors l'histoire de sa ville. Alors que l'édition française est dédiée « A la mémoire de mes parents et de ma petite sœur, Tsipora », celle en yiddish l'était à « la mémoire éternelle de ma mère Sarah, mon père Shlomo et ma petite sœur Tsipora — qui furent tués par les meurtriers allemands ». Mais surtout, dans son article qui a suscité aux États-Unis, où Wiesel est par excellence la figure du survivant, de très

1. Élie Wiesel, *La Nuit*, Éditions de Minuit, 1958, p. 15.

violentes polémiques qui ne sont pas sans évoquer celles qu'a connues la France au printemps et à l'été 1997 autour des témoignages de Lucie et de Raymond Aubrac, Naomi Seidman s'attache à montrer qu'il y a chez Wiesel transformation de la figure du survivant : celle du récit en français n'est plus la même que celle du récit en yiddish. Et l'écart n'est pas de détail. Il est fondamental.

Dans *La Nuit* comme dans *Et le monde se taisait*, le narrateur semble déplorer que les survivants soient obsédés dans les jours qui suivent leur libération par la seule quête de la nourriture, et qu'ils ne songent pas à la vengeance. « *Notre premier geste d'hommes libres,* écrit Élie Wiesel dans *La Nuit, fut de nous jeter sur le ravitaillement. On ne pensait qu'à cela. Ni à la vengeance, ni aux parents. Rien qu'au pain.*

« *Et même lorsqu'on n'eut plus faim, il n'y eut personne pour penser à la vengeance. Le lendemain, quelques jeunes gens coururent à Weimar ramasser des pommes de terre et des habits — et coucher avec des filles. Mais de vengeance, pas de trace* [1]. » Or, l'édition yiddish, si elle raconte le même épisode, exprime un autre état d'esprit chez les jeunes survivants. Un état d'esprit qui, s'il est aussi exempt de vengeance, manifeste à l'égard des Allemands, qui sont nommés en tant que tels au contraire de la version française, violence, cruauté et désir d'humilier les nouveaux vaincus. Ainsi, on ne couche plus avec les filles, mais on les viole.

Mais surtout, les épilogues de *La Nuit* et de *Un di Velt hot geshvign* sont porteurs de significations diffé-

---

1. Élie Wiesel, *La Nuit, op. cit.,* p. 178.

rentes qu'il convient d'examiner de près. Il est donc nécessaire de les citer tous les deux. Dans *Un di Velt hot geshvign* Wiesel raconte :

> « Trois jours après la libération, je tombais gravement malade ; un empoisonnement par la nourriture. Ils me mirent à l'hôpital et le docteur annonça que j'étais fini.
>
> « Pendant deux semaines, je fus à l'hôpital entre la vie et la mort. Ma situation empirait de jour en jour.
>
> « Un beau jour, je me levai, et rassemblant ce qui me restait d'énergie, je me dirigeai vers le miroir qui était accroché au mur.
>
> « Je voulais me voir. Je ne m'étais pas vu depuis le ghetto.
>
> « Je me regarde dans le miroir. Un squelette me renvoie mon regard [1].
>
> « Rien que la peau et les os.
>
> « J'ai vu l'image de moi-même après ma mort. A ce moment-là se réveilla en moi la volonté de vivre.
>
> « Sans savoir pourquoi, j'ai levé mon poing et cassé le miroir, cassé l'image qui y vivait.
>
> « Je perdis connaissance.
>
> « A partir de ce moment-là, mon état de santé s'améliora.
>
> « Je suis resté alité plusieurs jours au cours

---

1. La fin de la citation a été traduite par Élie Wiesel lui-même dans *Tous les fleuves vont à la mer. Mémoires*, Seuil, 1994, p. 413. C'est cette traduction que nous reproduisons.

desquels j'ai noté l'esquisse de cet ouvrage que, cher lecteur, tu tiens entre tes mains.

« Mais...

« Maintenant, dix ans après Buchenwald, je me rends compte que le monde oublie. L'Allemagne est un État souverain. L'armée allemande a ressuscité. Ilse Koch, la femme sadique de Buchenwald, est mère de famille, et heureuse. Des criminels de guerre se promènent dans les rues de Hambourg et de Munich. Le passé est effacé, enterré.

« Allemands et antisémites déclarent au monde que l'histoire de six millions de victimes juives n'est qu'un mythe, et le monde dans sa naïveté y croira sinon aujourd'hui, demain ou après-demain.

« J'ai donc pensé : ce serait peut-être utile de publier en forme de livre ces notes prises à Buchenwald.

« Je ne suis pas assez naïf pour croire que cet ouvrage changera le cours de l'histoire et qu'il secouera la conscience de l'humanité. Un livre ne possède plus le pouvoir dont il était investi autrefois. Ceux qui se sont tus hier garderont le silence demain.

« Voilà pourquoi, dix ans après Buchenwald, je me pose la question :

« Ai-je bien fait de casser le miroir ? »

Le fin de *La Nuit* est infiniment plus ramassée, et le miroir brisé y acquiert une signification plus ample, plus symbolique :

« Un jour je pus me lever, après avoir rassemblé toutes mes forces. Je voulais me voir dans le miroir qui était suspendu au mur d'en face. Je ne m'étais plus vu depuis le ghetto.

« Du fond du miroir, un cadavre me contemplait.

« Son regard dans mes yeux ne me quitte plus [1]. »

Les éléments factuels sont identiques dans les deux récits : la maladie, l'amorce de la guérison, le miroir brisé. Élie Wiesel raconte bien deux versions du même épisode. Ce qui diffère, ce sont les explications à l'œuvre dans les deux récits, et qui, somme toute, en constituent l'essentiel. Comme le note Antoine Prost, « *dire d'un récit qu'il est explicatif, c'est un pléonasme. On peut dissocier le récit de l'appareil documentaire sur lequel il se fonde et des preuves qu'il avance, mais on ne peut en dissocier le lien explicatif qu'il établit entre les événements qui le constituent précisément en récit, différent d'une liste de faits, fût-elle dans un ordre chronologique. Raconter, c'est expliquer* » [2]. Dans *Un di Velt hot geshvign*, le survivant juif brise l'image de la mort. Ce bris peut être interprété, ainsi que le récit lui-même le suggère, comme le signe d'une renaissance. Il veut vivre, il écrit, il combat pour que le monde se souvienne, que les criminels nazis, suivant une thématique courante à l'époque, ne puissent se promener librement dans les rues des villes,

1. Élie Wiesel, *La Nuit, op. cit.*, p. 178.
2. Antoine Prost, *Douze Leçons sur l'histoire*, Paris, Seuil, 1996, p. 249.

que l'Allemagne, dont l'armée selon Wiesel est reconstruite, ne puisse recommencer. Écrire est tout à la fois un acte de vengeance et un moyen de lutte contre ce qu'on n'appelle pas encore le négationnisme. La position d'Élie Wiesel ne présente ici aucune originalité. Il rejoint la cohorte de témoins qui, en ce dixième anniversaire de la libération des camps, tout comme les associations qui regroupent les survivants de la déportation et du génocide, affirment comme lui la nécessaire lutte contre l'oubli, et l'inscrivent dans un cadre qu'il faut bien appeler politique, puisque l'attitude de l'Allemagne actuelle est stigmatisée, tout comme le danger qu'elle représente encore.

Dans *La Nuit*, en revanche, le survivant est en fait tout à la fois mort et vivant, personnalité clivée, qui, tout en continuant son chemin est accompagné par son double mort comme par son ombre.

Naomi Seidman interprète l'existence de ces deux versions comme la manifestation chez Élie Wiesel d'une volonté consciente, d'un calcul, d'une stratégie. Wiesel jouerait volontairement sur deux tableaux, s'adressant tour à tour au monde juif et au monde non juif, adaptant son discours aux attentes différentes de l'un et de l'autre. En ce qui concerne le monde non juif, l'écriture de *La Nuit* serait une opération de séduction à l'égard du premier lecteur de Wiesel, l'homme qui soutint son projet, préfaça son livre, et ainsi le consacra écrivain, l'auteur catholique François Mauriac. Or, s'étonne Naomi Seidman, c'est bien *La Nuit*, cette version seconde, réélaborée (et donc, est-il ainsi suggéré, moins « vraie » que la première), qui a été érigée en mythe.

Naomi Seidman attribue ce succès à la préface que François Mauriac rédigea pour l'édition de 1958, et qui accompagna chaque édition ultérieure de *La Nuit* en français comme ses diverses traductions. Pour elle, la figure du survivant qui émerge de *La Nuit* a de fait été dessinée par Mauriac : « *un Lazare ressuscité, et pourtant toujours prisonnier des sombres bords où il erra, trébuchant sur des cadavres déshonorés* » [1]. Or, c'est précisément cette image qu'Élie Wiesel avait délibérément brisée dans l'épilogue de son livre en yiddish.

Le thème du silence, décliné dans toutes ses dimensions : existentielle, théologique, littéraire, est un des grands thèmes de la réflexion des universitaires américains et israéliens sur la Shoah et sa littérature. *La Nuit* apparaît comme la matrice paradigmatique de cette thématique. C'est ainsi que les très abondants commentaires de *La Nuit* déploient leur réflexion autour du mystère du silence de Dieu face au mal, du mutisme de la mort et l'impossibilité du langage à rendre compte du génocide : ces événements seraient innommables, irreprésentables, indicibles [2]. Citons à nouveau *La Nuit* :

1. François Mauriac, préface à *La Nuit, op. cit.,* p. 12.
2. Sur ce thème du silence, voir parmi beaucoup d'autres : André Neher, « Le silence et l'être : Élie Wiesel », in *Exil de la Parole : du silence biblique au silence d'Auschwitz,* Paris, 1970, pp. 228-245, et Myriam Cohen, *Élie Wiesel : Variations sur le silence,* La Rochelle, 1988.

« Jamais je n'oublierai ce silence nocturne qui m'a privé pour l'éternité du désir de vivre.

« Jamais je n'oublierai ces instants qui assassinèrent mon Dieu et mon âme, et mes rêves qui prirent le visage du désert.

« Jamais je n'oublierai cela, même si j'étais condamné à vivre aussi longtemps que Dieu lui-même. Jamais [1]. »

Or, ces thèmes ne sont pas l'invention d'Élie Wiesel ; ils se retrouvent martelés dans les divers témoignages des ghettos. Ils se trouvent aussi présents dans les récits parus en français, dans l'après-guerre, qu'ils concernent le génocide ou le système concentrationnaire nazi, comme nous l'avons montré ailleurs [2]. Pour diverses raisons, qui tiennent tout à la fois à la date (1958) à laquelle Wiesel publie *La Nuit*, alors que la mémoire du génocide commence sa lente émergence, et à l'incontestable qualité littéraire d'un texte que Wiesel a retravaillé avec le remarquable éditeur qu'est Jérôme Lindon [3], le livre d'Élie Wiesel est devenu la quintessence de cette thématique. Pour Naomi Seidman, il aurait ainsi établi les fondements d'une nouvelle théologie inaugurée par une nouvelle alliance. La mort de Dieu (ou son absence, ou son silence) serait comme compensée par la naissance de la mémoire éternelle du témoin. « *Auschwitz est aussi important que le Sinaï* », a

1. Élie Wiesel, *La Nuit, op. cit.*, p. 60.
2. Voir notre *Déportation et génocide, op. cit.*
3. Voir sur ce point Élie Wiesel, *Tous les fleuves vont à la mer, op. cit.*, p. 409 et suivantes.

déclaré Wiesel [1]. Dans la tradition juive, le don de la Torah à Moïse scelle l'Alliance. Tout Israël est présent au Sinaï : les compagnons de Moïse, certes, mais aussi les générations antérieures et à venir. Vision a-historique s'il en est puisqu'elle abolit ce qui fait l'essence même de l'histoire : le temps vectorisé. Mais si la religion se rit de l'histoire, l'historien quant à lui n'a pas à se rire de la religion. Il doit comprendre son discours à l'aune de ses critères spécifiques. Ce qui ne veut pas dire bien sûr qu'il adhère au discours qu'il analyse, ou qu'il souhaite transférer les critères du religieux dans son propre récit historique. De même, quand l'historien analyse de façon critique un texte littéraire, il doit savoir qu'il n'est pas en présence d'un document d'archives. Quand il s'entretient avec un écrivain, il doit savoir que l'écrivain n'est pas comme lui, en quête d'une réalité factuelle, positiviste, mais d'une « vérité » littéraire, autre, et que l'écrivain utilise pour écrire les schèmes qui se trouvent dans la littérature elle-même, quitte à les subvertir. L'écrivain écrit dans la littérature, et à partir de la littérature.

Élie Wiesel a été formé dans la tradition juive, notamment hassidique, et dans la littérature yiddish. Ainsi, le thème de la rupture de l'Alliance conclue au Sinaï est un thème récurrent de la « littérature yiddish de la Catastrophe », comme l'ont montré les spécialistes de cette littérature [2]. Prenons un seul

1. Cité par Ellen S. Fine, in *Legacy of Night*, State University of New York Press, Albany, 1982, p. 30.

2. Notamment David G. Roskies, *Against the Apocalypse. Responses to Catastrophe in Modern Jewish Culture*, Harvard University Press, Cambridge, Massachusetts et Londres, 1984 ; et Rachel Ertel, *op. cit.*

exemple que nous empruntons à Rachel Ertel, celui d'un poème du grand écrivain juif soviétique Peretz Markish, *Le Monceau,* inspiré par les pogroms d'Ukraine de 1919 qui, dans le contexte de la guerre civile qui suivit la révolution bolchevique, provoquèrent le meurtre de plusieurs dizaines de milliers de Juifs, changeant l'échelle des massacres : les morts des pogroms avant la guerre de 14-18 se comptaient par unités, par dizaines pour les plus meurtriers. Désormais, ils se comptent par milliers, voire dizaines de milliers. La guerre de 14-18 marque bien l'avènement, dans le monde juif comme dans le reste de l'Europe, du meurtre de masse. Le poème de Peretz Markish, dont le titre désigne l'amoncellement des cadavres, le « tas », « *se transforme en une litanie de blasphèmes, d'invectives, d'anathèmes contre les hommes et contre Dieu et culmine dans la résiliation de l'Alliance :*

> *O mont Sinaï dans la balance inversée du ciel, lèche la boue bleue*
> *Et gémis, gémis comme un chat dans la prière de minuit.*
> *Le tas-roi te recrache à la figure les dix commandements* [1]*. »*

Naomi Seidman estime que Wiesel a élaboré avec *La Nuit* un compromis entre une authentique écriture juive et les attentes des lecteurs non juifs, François Mauriac d'abord. Il paierait ainsi le prix du billet d'entrée en littérature. Ce prix, c'est d'abord

1. Rachel Ertel, *op. cit.,* p. 42.

l'abandon du désir de revanche. Nous avons vu pourtant que cet abandon était chose très largement partagée chez les survivants. Mais surtout, il serait devenu l'emblème acceptable du martyre en général et du martyre juif en particulier. Ainsi, Wiesel aurait conclu avec Mauriac une sorte de marché : François Mauriac donne à Wiesel sa caution morale, la puissance de son statut littéraire, lui trouve un éditeur, préface son livre. Mieux, il dédie *La Vie de Jésus* « à Élie Wiesel qui fut un enfant juif crucifié ». En échange, Mauriac accouche en quelque sorte l'écrivain Wiesel, en lui permettant de trouver un langage capable de retenir tout à la fois l'attention des Juifs et des chrétiens.

L'article de N. Seidman a suscité aux États-Unis une émotion considérable et de très violentes polémiques. Et on le comprend. Car tout compte fait, au-delà de remarques tout à fait intéressantes et pertinentes, Naomi Seidman accuse tout simplement Wiesel de mentir. Elle pointe ce qu'elle considère comme des « oublis ». Oubli, par exemple, de mentionner que son premier texte fut rédigé à Buchenwald, juste après sa libération. Cet « oubli » ne peut qu'être volontaire, et destiné à masquer des intentions que l'historien se doit de démasquer. Dans ce sens, elle appartient bien à cette catégorie d'historiens qui traque les migrations du témoignage, mesure les écarts avec « la vérité », sans jamais essayer de comprendre à quoi ils correspondent dans l'évolution psychologique du témoin et dans celle de la conscience collective. A qui est familier des conditions dans lesquelles ont été produits les premiers témoignages, immédiatement après la libération du témoin, quand beaucoup de survivants étaient la proie, suivant la formule d'Antelme, d'« une hémorragie d'expression », l'écriture du premier témoignage et l'oubli ultérieur de l'avoir écrit sont d'une confondante banalité. Probablement parce qu'il n'y a pas, dans ces premiers écrits jetés sur le papier, projet d'écrire un livre, mais simplement la pulsion de se libérer de certains éléments de son expérience et de ressaisir, grâce à ces notations, son identité même. C'est un processus, en vérité, analogue, à très petite échelle, à celui qui occupa pendant vingt-sept années *L'homme dont le monde volait en éclats* et que décrit le psychologue Alexandre Luria. Cet homme, victime en 1943 d'une blessure à la tête qui endommagea à jamais son cerveau, tenta de « *retrouver son passé pour gagner son avenir* » en écrivant. « *Il écrivait,* note Luria, *car c'était son seul lien avec la vie, son seul moyen de ne pas capituler devant la maladie et d'émerger* [1]. » On est en droit de penser que la fonction des notes jetées sur le papier par Wiesel comme par tant d'autres immédiatement après leur libération, et dont ils ont souvent oublié jusqu'à l'existence, eut une fonction identique : la reconstitution de son identité [2].

En analysant la migration du témoignage simplement en comparant les deux ouvrages d'Élie Wiesel, en pointant dans *La Nuit* ce qu'elle considère comme des « oublis », Naomi Seidman met en cause

1. Alexandre Luria, *L'homme dont le monde volait en éclats*, préface d'Oliver Sacks, Seuil, 1995.
2. Nous donnons un autre exemple de ce phénomène, pp. 171-172.

les fondements mêmes de cette littérature de témoignage. Elle le fait sans jamais interroger la nature des deux textes, ni les conditions de leur écriture. Or, et Philippe Lejeune l'a amplement montré dans ses ouvrages sur l'autobiographie, un récit n'est jamais un morceau de vie brute. C'est toujours un texte « littéraire » qui obéit à un certain code. Mais surtout, Naomi Seidman ne perçoit pas l'extraordinaire paradoxe que recèlent les deux « épilogues ». L'ouvrage en yiddish a été publié en 1956, alors que cette langue agonise, que son lectorat constitue en quelque sorte des isolats dans les sociétés qui ont été épargnées par l'occupation allemande ou qui ont accueilli les survivants. Ce lectorat se réduit au fil des ans comme une peau de chagrin. L'épilogue en yiddish est somme toute optimiste. Il signe la renaissance d'un Wiesel combatif. L'épilogue en français, au contraire, est d'un absolu pessimisme. Wiesel ne paierait-il pas son entrée dans la littérature française de la mort de sa langue, une langue dans laquelle il n'écrira plus de livres, mais à laquelle il restera pourtant attaché ?

Pour cet homme qui fut un des pionniers de l'enseignement aux États-Unis de la littérature de la Shoah, le yiddish reste bien la langue par excellence du témoin : « *Il faut peut-être souligner, écrit-il, qu'il n'est pas dans le monde de langue pour les évoquer pareille au yiddish. La littérature de l'Anéantissement serait sans le yiddish comme sans âme. Je sais, on écrit aussi en d'autres langues. Mais on ne peut le comparer. Les œuvres les plus authentiques sur l'Anéantissement, en prose comme en poésie, sont en yiddish. Est-ce parce que la*

plupart des victimes sont issues de cette langue et y ont
vécu ? Que les professionnels répondent à cette question.

« *Quant à moi, je ne sais qu'une chose : s'il n'y avait*
eu mon premier livre en yiddish, s'il n'y avait eu mes
mémoires en yiddish, mes autres livres auraient sombré
dans la mutité [1]. » Ce premier livre d'Élie Wiesel a
donc eu pour lui, comme le souligne Rachel Ertel,
une fonction cathartique. « *Il lui a rendu la parole.*
Mais une parole autre.

« *Pour cela, il lui a fallu traverser deux fois la mort : il*
est un rescapé de la mort physique, il est un rescapé de la
mort de la langue [2]. » La capacité qui fut la sienne
d'écrire en français, à partir de ce monde dont il est
un des rares passeurs, explique probablement son
rôle de héraut de la mémoire qui fut le sien, aux
États-Unis surtout. Car les textes qu'il enseigna, les
références qui sont les siennes dans ses romans
sont tous empruntés au monde yiddish anéanti.
Élie Wiesel réussit la conversion à une langue non
juive, qui lui permit d'atteindre ce à quoi tout écrivain aspire : des lecteurs. Car Élie Wiesel — et en ce
sens il ne peut se comparer qu'à Primo Levi — se
veut tout à la fois témoin survivant et écrivain. La
plainte qui court dans ses Mémoires sur le décalage
entre la notoriété de sa personne et le chiffre de
vente de ses livres est bien celle d'un écrivain. Élie
Wiesel reçut le prix Nobel de la paix, pas celui de

1. Élie Wiesel, « *Rand Makhhovès vegn yiddish* » (Réflexions
sur le yiddish — à la lisière, au bord, à l'extrémité), in *Di*
Goldene Keyt, Tel-Aviv, 1987, n° 123, p. 26, cité *in* Rachel Ertel,
« Écrit en yiddish », art. cité, p. 23. La traduction est de
Rachel Ertel.
2. Rachel Ertel, art. cité, p. 27.

littérature. S'il est un bon ou un mauvais écrivain, nous n'avons pas à en juger. On retrouve chez Primo Levi la même souffrance, le même désir d'être reconnu non simplement comme une figure de survivant, mais comme un véritable écrivain. En 1979, alors qu'il a publié plusieurs ouvrages dont la facture comme les thématiques sont très éloignées du témoignage (*La Clé à molette*, *Le Système périodique*...), il n'a pas encore gagné ce statut auquel il aspire. « *Personne ne s'intéressait à Levi dans le monde littéraire*, constate un jeune critique. *Je suis le premier à l'avoir pris en considération, comme écrivain plutôt que comme critique et comme chroniqueur du Lager. Il souffrait de n'avoir pas obtenu cette reconnaissance* [1]. »

Il y a incontestablement une mémoire de la Shoah portée par les rescapés du monde yiddish. Car dans le monde yiddish même, s'il put exister un temps l'illusion qu'éradiqué de l'Europe de l'Est où il s'est épanoui depuis le Moyen Age, ce monde pourrait renaître ailleurs — en France, en Argentine, puis en Israël —, la conscience de la perte et le désir de mémoire furent immédiats, contemporains de l'événement lui-même. Mais les rares efforts produits par les rescapés pour faire prendre en compte le génocide par la société globale ont été voués à l'échec. L'exemple du mémorial de New York dont la première pierre fut posée dès 1947 et

1. Giovanni Tesio, cité par Myriam Anissimov, *Primo Levi ou la tragédie d'un optimiste*, J.-C. Lattès, 1996, p. 306.

qui ne fut jamais construit est emblématique de ces échecs [1].

Sur Riverside Drive, à New York, entre la 83e et la 84e rue, au bord de l'Hudson, le passant peut apercevoir une dalle entourée d'une petite grille en fer, et qui porte l'inscription : « *Ceci est le site pour le mémorial américain aux héros de la bataille* (battle) *du ghetto de Varsovie avril-mai 1943 et pour les 6 millions de Juifs d'Europe martyrs pour la cause de la liberté humaine.* » Le 19 octobre 1947, une foule de plusieurs milliers de personnes était réunie pour la pose de cette plaque qui devait faire fonction de première pierre du premier mémorial américain, et même mondial. Un coffret contenant de la terre provenant des camps de concentration et une proclamation écrite de la main du grand rabbin de Palestine étaient alors scellés sous la plaque. Le texte de la plaque correspond bien à l'air du temps, aux États-Unis comme ailleurs : les six millions de morts de la Shoah sont placés dans l'ombre glorieuse des héros de l'insurrection de Varsovie, devenue, à l'instar de Stalingrad, une « bataille ». Ils sont morts pour la Liberté [2].

Ce mémorial, un homme seul en avait eu l'initiative, Adolphe R. Lerner. Ce Juif polonais avait fui Vienne en 1938, et après un passage par la France, avait gagné les États-Unis. Pendant la guerre, il avait

1. Rochelle G. Saidel, *Never Too Late To Remember. The Politics Behind New York City's Holocaust Museum*, New York/Londres, Holmes & Meier, 1996.
2. Sur ces questions, nous nous permettons de renvoyer à notre ouvrage, *Déportation et génocide, op. cit.*

travaillé pour une agence de presse polonaise qui rassemblait notamment les informations sur l'anéantissement des Juifs provenant de la Résistance. Après guerre, il préside l'association des Juifs polonais à New York, et décide que les victimes juives doivent avoir leur mémorial. Il constitue un comité, obtient du maire de New York un terrain, trouve un sculpteur, Jo Davidson, et un architecte, Eli Jacques Kahn. En janvier 1947, le comité commence à rassembler des fonds pour le monument. En novembre 1948, les maquettes sont exposées au musée d'art juif de New York. C'est un monument réaliste où sont représentées diverses figures jugées emblématiques : un héros, un Juif religieux suppliant, un homme aidant un blessé et un mort gisant au sol, le tout placé en haut de marches. Cette sculpture déplaît. Un concours est alors organisé, une exposition de maquettes se tient d'abord au musée d'art juif puis à celui d'art moderne. Un autre projet de l'architecte Erich Mendelsohn et du sculpteur moderniste Ivan Mestrovic est approuvé, par le comité comme par la commission d'art des parcs de la ville de New York. Il ne manque que l'argent. Or, cet argent, le comité ne parvient pas à le rassembler. De fait, il ne bénéficie d'aucun soutien réel. Les organisations juives, à la fin des années quarante et au début des années cinquante, ont d'autres priorités politiques et financières : le soutien à l'État d'Israël, l'aide aux survivants qui se trouvent dans les camps pour personnes déplacées dans la zone d'occupation américaine en Allemagne et qui commencent à arriver aux États-Unis. Mais elles ont aussi, selon Rochelle Saidel, peur de déplaire à l'Allemagne, alors que Nahum Goldmann négocie avec Konrad Adenauer ce qu'on appellera « les réparations ». Elles craignent aussi, dans cette période de guerre froide et de maccarthysme, qu'un projet antinazi puisse être considéré comme pro-communiste. Un mémorial serait susceptible d'attirer l'attention sur le fait que, parmi les combattants juifs, beaucoup étaient communistes. En outre, le survivant, qui est en même temps un nouvel immigrant, apparaît comme un citoyen de seconde zone. L'intérêt pour le génocide des Juifs est alors, aux États-Unis comme ailleurs, extrêmement ténu. En dehors du *Journal* d'Anne Frank, publié en 1952, du film qui en est tiré (1959) et de la pièce de théâtre qui se joue au même moment à Broadway, des souvenirs de Gerda Weissmann Klein, publiés en 1957, il n'y a guère de publications. On connaît les difficultés rencontrées par Raul Hilberg[1] pour faire publier sa thèse. Élie Wiesel trouvera difficilement un éditeur pour la traduction de *La Nuit* qui ne paraît en anglais qu'en 1960. En 1954, ce premier projet de mémorial est abandonné. Comme l'écrit Rochelle G. Saidel, « *rétrospectivement, c'est davantage l'effort de construire un monument qui étonne que son échec* ». On pourrait objecter qu'en France, un homme aussi se bat dès 1951 pour ériger un mémorial, qu'il rencontre lui aussi bien des difficultés, qu'il n'est pas soutenu alors par les grandes organisations du judaïsme français. Pourtant, Isaac

---

1. Voir son autobiographie, *La Politique de la mémoire*, *op. cit.*

Schneersohn réussit là où Adolphe Lerner échoue [1], parce qu'il ne partait pas de rien. Il avait fondé, en 1943, dans Grenoble occupé par les Italiens, le Centre de documentation juive contemporaine qui, après la libération du territoire français, et grâce à des hommes comme Léon Poliakov, avait réussi à rassembler une documentation considérable. Le CDJC avait nourri l'accusation française au procès du tribunal international de Nuremberg, et s'était ainsi gagné la gratitude d'hommes comme René Cassin ou Edgar Faure. Il avait dans les années quarante publié un certain nombre de travaux qui font aujourd'hui encore autorité. Schneersohn avait le premier compris que l'écrit ne suffisait pas à assurer la pérennité de la mémoire. Frappé par l'exemple du tombeau du soldat inconnu de l'Arc de Triomphe et par le culte des morts de la Grande Guerre qu'il avait sécrété, il avait constaté que la mémoire était mieux servie par le rite que par la chronique et s'était battu pour faire ériger à Paris le mémorial aux morts du génocide. En 1953, la première pierre en avait été posée, suscitant l'ire des Israéliens qui du coup, dépossédés de l'antériorité d'un tel projet, votèrent alors la loi créant Yad Vashem. En 1956, le mémorial était inauguré. Ce fut, jusqu'au début des années soixante, le seul mémorial dans le monde situé dans un espace public.

1. Voir Annette Wierviorka, « Un lieu de mémoire et d'histoire : le Mémorial du martyr juif inconnu », *in,* sous la direction de Foulek Ringelheim, *Les Juifs entre la mémoire et l'oubli,* Bruxelles, Revue de l'Université de Bruxelles, 1987/1-2, pp. 107-132.

Les survivants ont érigé dans les carrés juifs des cimetières des mémoriaux qui sont autant de cénotaphes puisqu'ils ont inscrit les noms des victimes qu'ils lisent à haute voix chaque année, comme nous l'avons déjà noté. Mais cette mémoire, si elle est bien collective puisqu'elle est celle d'un groupe, fût-il restreint, est une mémoire close, une mémoire dont bien peu, sinon rien ne filtre et irrigue une société plus large. Car cette mémoire-là, les sociétés extérieures au monde yiddish l'ignorent ou la rejettent. Il n'y a de demande sociale ni pour cette mémoire, ni pour cette histoire. La biographie de Jacob Shatzky éclaire probablement ce phénomène.

« L'historien des Juifs de Varsovie » comme on l'appelle communément appartient à la nouvelle génération d'historiens juifs, travaillant sur l'histoire du judaïsme, formés dans les universités polonaises et allemandes dont nous avons déjà évoqué quelques figures. Né à Varsovie en 1893, combattant pendant la Grande Guerre dans la Légion polonaise de Pilsudski, il fait partie de la délégation officielle polonaise à la conférence de Versailles. En 1922, il soutient sa thèse sur *La Question juive dans le royaume de Pologne pendant la période des Paskiewicz (1831-1861)*, puis quitte la Pologne pour New York où il fonde en 1925 la branche américaine du YIVO [1]. Il y mène différents travaux d'histoire puis,

---

1. YIVO, Yidisher Vinshaftleher Institut, Institut scientifique juif, fondé en 1925 à Vilna et qui développa l'histoire des Juifs. En 1940, une grande partie de ses archives et de sa bibliothèque fut transférée à New York.

quand arrive la nouvelle de l'insurrection du ghetto de Varsovie et de sa liquidation, le YIVO lui confie la charge d'écrire une histoire des Juifs de Varsovie. Entre 1947 et 1953, Shatzky publie effectivement trois volumes de sa *Geshikhte fun Yidn in Varshe* (Histoire des Juifs à Varsovie). C'est un travail gigantesque et unique, qui, malheureusement, s'arrête en 1897 parce que Shatzky ne peut plus y travailler. Dans différents textes se lit son désespoir. C'est chez lui la prise de conscience du déclin de la culture juive séculière fondée sur le yiddish. Du Brésil, où il fait une tournée de conférences, il envoie en 1947 une lettre à sa femme : « *Les Juifs sont loin de la culture yiddish, et en général des sujets culturels. On est pour la Palestine ou pour les Soviets. Le rêve d'une culture yiddish aux États-Unis s'est évanoui, et je vois clairement combien ma vie a été inutile.* » Il est d'un pessimisme radical sur la possibilité même de mener des recherches sur les communautés juives de Pologne. Il s'en explique lors de la 29e conférence annuelle du YIVO qui se tient en 1955 : « *Quel contenu donner à la recherche sur les anciennes communautés en Europe, et comment les mener ? La recherche détaillée en histoire politique et économique a perdu toute pertinence. Il n'y a aucune part de l'héritage qui puisse être transférée là où les Juifs vivent aujourd'hui. Il ne reste que l'histoire intellectuelle, celle de la culture juive au sens le plus large du terme.* » Mais surtout, la rédaction du troisième tome de cette histoire l'épuise, et il s'en plaint : « *Pour qui suis-je en train de travailler comme un nègre ? Pour qui suis-je en train d'écrire et sur qui ? Mon peuple est mort. Mon sujet est un sujet mort, et je suis mortellement fatigué.* » Les années 1954 et 1955 sont pour Shatzky celles d'une intense dépression. Il meurt en 1956 d'une crise cardiaque et ne rédigera jamais le quatrième volume de l'histoire des Juifs de Varsovie, celui des années correspondant à sa propre vie [1]. Shatzky pose bien un double problème : celui de la difficulté d'écrire sur un monde disparu, d'abord. Dans le cas des Juifs de Varsovie, il s'agit d'une double disparition, celle du peuple juif de Pologne, celle du cadre spatial où s'inscrivait sa vie. Il faut mesurer ce que signifie cette double disparition pour les rares survivants. La littérature y parvient peut-être mieux qu'un récit historique. Abel, un des personnages du romancier Adolf Rudnicki, retourne à Varsovie du camp de prisonniers où il a passé la guerre. « *... Lorsque Abel eut dépassé la place Krasinski et qu'il se trouva sur l'emplacement de l'ancien quartier juif, qu'il regarda à droite et à gauche, devant et derrière lui, et cela malgré son accoutumance aux autres quartiers de la ville " la plus détruite du monde ", il ne voulut pas en croire ses propres yeux. S'attendant à des destructions, il les prévoyait à la mesure de celles des autres quartiers, il s'attendait à des traces permettant de reconstituer ce qui, naguère, s'était dressé ici. Il n'y avait pas de traces. En cet endroit, la ville était broyée, supprimée, pierre sur pierre ne subsistait plus. Là où naguère se dressait une ville, c'était à présent un champ de décombres. [...] C'était le néant de*

---

1. Ce développement sur la biographie de Jacob Shatzky est démarqué de l'article de Robert Moses Shapiro, « Jacob Shatzky, Historian of Warshaw Jewry », in *Polin*, vol. 3, Oxford, 1988, pp. 200-213.

la ville effacée, dont la forme périssable, imprécise et trompeuse tournoyait dans la mémoire de celui qui regardait [1]. » Juifs de Varsovie et Varsovie juive ont donc également disparu. On peut grossièrement étendre cette remarque à toutes les judaïcités de l'Europe centrale et orientale, celles de la Pologne, de l'Ukraine, des Pays Baltes, de Russie...

Mais aussi, nous y avons déjà fait allusion, comment écrire l'histoire quand un monde a disparu, quand il n'y a plus de possibilité d'établir une continuité minimale entre la vie d'avant et celle de l'historien ? Toute histoire est contemporaine. Elle interroge le passé à partir du présent. Quand le présent n'existe plus, quelles questions l'historien peut-il poser au passé ? « *Dans le monde, il n'y a plus de Juifs. Ce peuple n'existe pas. Et il n'y en aura pas* [2] », a déclaré Marek Edelman, le seul survivant de l'état-major de l'insurrection du ghetto de Varsovie. Il ne s'agit pas, bien entendu, dans la bouche de ce héros, de l'ensemble du peuple juif, mais de sa fraction yiddishophone qui fut anéantie dans la « Solution finale ».

De cette première période, celle qui suit immédiatement la Shoah, les survivants n'émergent comme

1. Adolf Rudnicki, « Le courant pur », *Les Fenêtres d'or*, traduit du polonais par Anna Posner, préface de Claude Roy, Paris, Gallimard, 1966, pp. 255-256.

2. Marek Edelman, cité par J. M. Rymkiewicz, in *Umschlagplatz. La dernière gare*, traduit du polonais par Véronique Patte, préface de Henri Raczymow, Paris, Laffont, 1990.

groupe dans aucune fraction du corps social — fût-ce les communautés juives elles-mêmes — ni aux États-Unis, ni en France, ni en Israël. Les associations de survivants juifs sont de simples lieux de sociabilité et d'entraide qui ne nourrissent pas l'ambition de s'adresser à d'autres qu'à ceux qui ont vécu la même expérience. Les rares efforts qu'elles tentent pour faire émerger le souvenir dans l'espace public, si elles les tentent, restent très largement vains. Dans ce domaine, Paris constitue l'exception. Le Tombeau du martyr juif inconnu, qui suscita bien des polémiques et incitera la Knesset à voter la loi créant le Yad Vashem, y est inauguré en 1956. Longtemps, il resta le seul mémorial.

Ainsi, la mémoire individuelle inscrite dans celle d'un groupe clos qui pourrait être identifié à la famille se construit dès l'événement. Mais cette mémoire n'est pas dans l'air du temps, elle ne présente guère d'usage politique. Pour que l'expression du souvenir du *Hurbn* pénètre le champ social, il faut que la configuration politique change, que le témoignage se charge d'un sens qui dépasse l'expérience individuelle, qu'il soit porté par des secteurs de la société. Ce sera chose faite avec le procès Eichmann, au prix d'une modification du contenu et de la signification de cette mémoire.

II

L'AVÈNEMENT DU TÉMOIN

Le procès Eichmann marque un véritable tournant dans l'émergence de la mémoire du génocide, en France, aux États-Unis comme en Israël. Avec lui s'ouvre une ère nouvelle : celle où la mémoire du génocide devient constitutive d'une certaine identité juive tout en revendiquant fortement sa présence dans l'espace public. Tous les chercheurs qui, dans divers pays, ont étudié l'évolution de la construction de la mémoire ont indiqué ce tournant [1]. Mais ce procès est aussi puissamment novateur. Toutes les « premières fois » s'y rassemblent. Pour la première fois, un procès se fixe comme objectif explicite de

---

1. Pour ne prendre que quelques exemples : Tom Segev pour Israël dans *Le Septième Million. Les Israéliens et le génocide,* traduit de l'anglais et de l'hébreu par Eglal Errera, Paris, Liana Levi, 1993 ; Rochelle G. Saidel pour les États-Unis, dans *Never Too Late To Remember. The politics behind New York City's Holocaust Museum,* New York, Holmes & Meier, 1996 ; Annette Wieviorka pour la France, « Autour d'Auschwitz », *in,* sous la direction de Jacques Morizet et Horst Müller, *Allemagne France. Lieux et mémoire d'une histoire commune,* Albin Michel, 1995, pp. 187-205.

donner une leçon d'histoire. Pour la première fois apparaît le thème de la pédagogie et de la transmission, un thème de grand avenir puisqu'il est aujourd'hui présent dans de nombreux pays et se décline sous plusieurs formes : inscription de la Shoah dans les programmes éducatifs, érection de musées-mémoriaux destinés aux jeunes, constitution d'archives filmées sur lesquelles nous reviendrons, destinées entre autres à fabriquer des matériaux pédagogiques multimédias, etc. Si le procès de Nuremberg avait été filmé dans son intégralité, des séquences diffusées par les actualités cinématographiques, les images du procès Eichmann, lui aussi filmé dans son intégralité, sont diffusées internationalement par le biais de la télévision. Pour la première fois encore, un historien, Salo Baron, alors professeur à l'université Columbia, est cité à la barre des témoins pour fixer le cadre historique du procès, sans d'ailleurs que la présence à la barre d'un historien soulève alors la moindre question. Mais surtout, et c'est ce qui nous intéresse principalement ici, le procès Eichmann marque ce que nous appelons l'avènement du témoin.

Il est indispensable de retracer brièvement le contexte dans lequel se déroule ce procès. Le 23 mai 1960, le Premier ministre Ben Gourion avait informé la Knesset qu'« *il y a peu de temps un des principaux criminels de guerre nazis, Adolf Eichmann, qui fut responsable avec les leaders nazis de ce qu'ils appellent la " solution finale du problème juif ", c'est-à-dire de l'extermination de six millions de Juifs en Europe, a été découvert par les services de sécurité israéliens. Adolf Eichmann est d'ores et déjà en Israël et sera jugé prochainement conformément aux dispositions de la loi sur le châtiment des nazis et de leurs collaborateurs* ». La décision d'enlever Eichmann et de faire son procès ne peut être que politique. Elle obéit à plusieurs motivations qui se croisent et s'enchevêtrent. Pour Ben Gourion, il s'agit de « *rappeler à l'opinion publique mondiale de qui sont les adeptes ceux qui préparent la destruction d'Israël et qui sont leurs complices, conscients et inconscients* » [1]. Il s'agit peut-être aussi d'exalter l'héroïsme des Israéliens contrastant avec la passivité supposée de leurs aînés ; de faire honte au monde d'avoir abandonné les Juifs et d'inciter les grandes puissances à soutenir davantage l'État d'Israël. Mais il s'agit aussi de réduire certains fossés qui menacent la cohésion nationale du jeune État hébreu comme l'explique tout à fait clairement dans ses Mémoires Abba Eban, alors ministre israélien de l'Éducation et de la Culture : « *Fossés entre la nouvelle classe moyenne des villes et la vieille élite rurale née du mouvement kibboutz [...], fossé entre la population qui avait été élevée en Europe — et leurs enfants sabras — et les immigrants orientaux [...]. Fossé des générations : les jeunes, nés au soleil, sous le vaste ciel étaient attirés par une conception plus simple de l'existence, moins tourmentée, mais aussi plus superficielle intellectuellement, que celle des premiers pionniers. Et enfin, le fossé entre les sabras très réalistes et les Juifs de la diaspora, plus sentimentaux, plus compli-*

1. Nous reprenons ici certains éléments déjà exposés dans notre *Procès Eichmann*, Bruxelles, éditions Complexe, 1989. Cette citation de Ben Gourion provient d'une lettre rendue publique le 27 mai et reproduite dans le journal *Le Monde* du 28 mai 1960.

qués, plus introvertis mais aussi plus créateurs. » Pourtant, précise encore Abba Eban, « *certains souvenirs communs rappelaient souvent aux Israéliens que l'histoire avait traité l'ensemble du peuple juif d'une manière telle qu'en fin de compte, leur destin était indivisible. L'un des grands moments de vérité de l'unification fut la capture et le procès d'Adolf Eichmann* »[1].

Ainsi le procès obéit-il pour Israël à des impératifs de politique intérieure et de politique extérieure. Il y a bien, pour utiliser une expression employée aujourd'hui à profusion, instrumentalisation du génocide à des fins politiques. Mais cette instrumentalisation est rendue possible parce que la sensibilité concernant le sort des Juifs pendant la Seconde Guerre mondiale est en train de se modifier, timidement, certes, mais de façon tangible. Tous les indicateurs le montrent.

Le début des années cinquante marque le moment où le sort des rescapés de la Shoah cesse de constituer un problème politique. Les derniers camps pour personnes déplacées où les Juifs croupissaient en attendant qu'un pays veuille bien les accueillir ont été fermés, et leurs occupants ont pu émigrer, principalement aux États-Unis et en Israël[2]. Le 27 septembre 1951, le chancelier de la République fédérale allemande avait fait au Bundestag

1. Abba Eban, *Mon pays. L'Épopée de l'Israël moderne,* Buchet-Chastel, 1975, p. 181.
2. Françoise Ouzan, *Ces Juifs dont l'Amérique ne voulait pas. 1945-1950,* Bruxelles, éditions Complexe, 1995. Cet ouvrage est la seule étude publiée en français sur ce que fut le sort des rescapés juifs regroupés dans des camps de personnes déplacées dans l'Allemagne de l'après-guerre.

une déclaration historique. C'était « *au nom du peuple allemand que furent commis des crimes indicibles qui exigent une réparation sur le plan moral et matériel, tant pour les dommages individuels subis par les Juifs que pour les préjudices causés aux biens juifs dont les ayants droit individuels n'existent plus aujourd'hui. Dans ce domaine, des premiers pas ont été accomplis, mais beaucoup reste à faire. La République fédérale veillera à la ratification et à l'exécution rapide d'une législation appropriée. Une partie des biens juifs identifiés avaient été déjà restituée : d'autres réparations suivront* » [1]. Cette question des « réparations » allemandes agita Israël et la diaspora pendant des mois, jusqu'à la signature de l'accord entre l'Allemagne et Israël le 10 septembre 1952. Les « réparations » versées tout à la fois à des organisations juives de la diaspora, à l'État d'Israël et à des rescapés, dans le cadre de la *Conference on Jewish Material Claims against Germany*, permirent, du moins dans les pays à l'ouest de l'Europe, une sorte de normalisation matérielle de la vie de la plupart des survivants qui ont désormais choisi le pays où ils vivront. Les débats politiques, dans ces années de guerre froide, qu'ils concernent le sort des personnes déplacées juives, comme aux États-Unis, ou les « réparations allemandes », en Israël surtout, dans les pays à forte communauté juive secondairement, se déroulent dans une période où, paradoxalement, la mémoire, au sens où on l'entend aujourd'hui, atteint un étiage. Les publications de

1. Cette déclaration du chancelier Adenauer est citée par Tom Segev, *Le Septième Million. Les Israéliens et le génocide*, *op. cit.*, pp. 224-245.

témoignages et les poses de plaques commémoratives, nombreuses dans les trois années qui ont suivi la capitulation allemande, cessent [1]. Pourtant, à la fin des années cinquante, l'intérêt pour le génocide semble émerger. Ce sont, en France par exemple, la publication de plusieurs ouvrages dont le succès ne se démentira pas : *La Nuit* d'Élie Wiesel, en 1958, *Le Dernier des justes* d'André Schwarz-Bart qui obtient le prix Goncourt en 1959 ; *Les Bagages de sable* d'Anna Langfus, autre prix Goncourt en 1961. C'est aussi la reprise, timide, de la publication de témoignages de rescapés des camps de concentration nazis, Juifs ou non. Il se pourrait qu'en ce domaine le facteur décisif soit tout banalement le passage du temps qui métabolise en quelque sorte l'expérience vécue et permet de la transformer en objet littéraire. Il est frappant de constater que le rythme de parution des récits est parallèle à celui des récits de 1914-1948 qu'a étudié Antoine Prost. De 1915 à 1922, avait-il constaté, était parue une première vague de récits et de romans. Puis, « *c'est, non pas le silence, car on publie encore quelques livres, du moins un net ralentissement du rythme des publications. Les éditeurs jugent le public las des récits de guerre* » [2]. Les choses changent en 1927-1928, une dizaine d'années après la fin de la guerre, comme elles changent en 1958-1959 en ce qui

1. Serge Barcellini et Annette Wierviorka, *Passant, souviens-toi ! Lieux du souvenir de la Seconde Guerre mondiale en France*, Plon, 1995.
2. Antoine Prost, *Les Anciens combattants et la société française, 1914-1939*, Paris, Presses de la fondation des sciences politiques, 1977, vol. I., *Histoire*, p. 132.

concerne les témoignages des victimes du nazisme. C'est en 1928 l'énorme succès de la traduction du roman allemand d'Erich Maria Remarque, *A l'ouest rien de nouveau*, et, d'une façon générale, une « *seconde floraison de livres de guerre* »[1]. Le temps a fait son œuvre, « *les souvenirs se décantent, s'apaisent, les plaies se referment. A ce moment, il devient possible d'échanger des impressions, des récits ; c'est une façon de vérifier ses propres souvenirs, de se confirmer l'authenticité d'une expérience trop lourde pour ne pas se partager maintenant [...]* »[2].

C'est encore, et avant même l'enlèvement et le procès d'Adolf Eichmann, la reprise des procédures judiciaires en Allemagne. La capitulation allemande avait été marquée par une vague de procès sans précédent dans l'histoire des lendemains de guerre. Chacun a gardé en mémoire le procès des grands criminels de guerre qui se déroula à Nuremberg de novembre 1945 à octobre 1946. Mais on oublie trop souvent la définition donnée alors de l'adjectif « grand » (*major* en anglais) : celui qui avait été responsable de crimes dans plusieurs pays, autrement dit, les responsables politiques de l'Allemagne nazie. Les autres criminels, ceux qui avaient commis leurs forfaits dans un seul pays, devaient être jugés dans ce pays. Or, les procédures judiciaires varièrent selon les pays. Certains furent jugés selon des procédures ordinaires, comme en Norvège, au Danemark ou en Yougoslavie ; d'autres devant des tribunaux militaires spéciaux, comme en Tchécoslo-

1. *Idem*, p. 133.
2. *Idem*, p. 136.

vaquie ou en Pologne. Selon les pays, les criminels sont jugés en vertu du droit pénal ordinaire, selon la création de délits spéciaux se rapportant à la période nazie et ayant un effet rétroactif, ou selon un système mixte adaptant la législation existante. Ainsi, pour ne prendre qu'un seul exemple, Rudolf Höss, le commandant d'Auschwitz, fut-il conduit en Pologne, jugé à Cracovie, condamné à mort et pendu à Auschwitz. Dans d'autres pays, en France notamment, se déroulèrent diverses procédures judiciaires à l'encontre de Français jugés pour trahison, ou à l'encontre d'Allemands comme Klaus Barbie, condamné à mort par contumace en 1952 et 1954, ou Karl Oberg et Helmut Knochen, tous deux jugés en 1954, condamnés à mort et finalement graciés par le président de la République. En Allemagne aussi, les procès se déroulèrent d'abord dans chacune des zones d'occupation, qui aboutirent à l'inculpation de 5 006 personnes dont 794 condamnées à mort et 486 exécutées. Parmi ces procès, les douze procès conduits à Nuremberg même par Telford Taylor, appelés « procès successeurs » ou « procès des professionnels », et qui jugèrent les médecins, les juristes, les industriels, les *Einsatzgruppen*... Dans le même temps commençaient devant les tribunaux allemands des procès où des Allemands jugeaient des Allemands pour des crimes commis contre d'autres Allemands. Pourtant, le nombre des condamnés, 5 288, pour des délits généralement mineurs, resta faible. Les preuves étaient difficiles à réunir, les suspects souvent introuvables. En effet, « *la majorité des Allemands était tellement obsédé par le souci immédiat de se nourrir et de se loger qu'il ne leur restait guère de temps pour la politique ; et pour eux, les enquêtes sur les crimes nazis étaient une affaire politique beaucoup plus que juridique et morale. En outre, ils étaient nombreux à considérer que les procès des gouvernements militaires et les efforts de dénazification participaient d'une justice de vainqueurs, de mesures politiques d'un camp contre un autre, vaincu. D'où un certain cynisme à l'idée même de punir des gens pour ce qu'ils avaient fait sous Hitler* [1] *»*.

En 1949, avec la création de la RFA et de la RDA, les gouverneurs militaires sont remplacés par des hauts-commissaires alliés qui cessent d'exercer un pouvoir judiciaire et s'en remettent aux tribunaux allemands pour juger les crimes nazis selon le droit pénal allemand. 628 nouveaux suspects sont condamnés entre 1950 et 1955, pour l'essentiel des anciens gardiens de camps de concentration ; chiffre d'une extrême modestie : la justice et l'opinion publique répugnent à évoquer le passé nazi. 1955 marque aussi une innovation en droit allemand : les personnes suspectées de délits entraînant des peines inférieures à dix ans ne seront pas jugées ; seules les personnes suspectées de meurtre avec préméditation peuvent encore être l'objet de poursuites judiciaires. Dix ans après la capitulation allemande, alors que l'occupation de l'Allemagne (si on excepte le cas de Berlin) prend fin, on peut légitimement penser que le passé est passé, qu'un trait est tiré sur le nazisme, que plus personne, ni en

1. Dennis I. Bark et David R. Gress, *Histoire de l'Allemagne depuis 1945*, Paris, Laffont, 1992, p. 65.

Allemagne ni ailleurs, ne veut plus en entendre parler.

De fait, ce n'est qu'une illusion. La fin des années cinquante fut, en Allemagne comme ailleurs, celle de la reviviscence du souvenir du nazisme, et de la reprise des procédures judiciaires.

En 1958 était créé en Allemagne, à Ludwigsburg, près de Stuttgart, le Service central d'enquête sur les crimes nationaux-socialistes. Erwin Schüle, qui en fut le premier directeur, avait été chargé de l'enquête qui aboutit, à Ulm, au procès dit de l'escadron. Un commandant SS, responsable du massacre de Juifs en Lituanie, en 1941, avait été déclaré non coupable par un tribunal de dénazification. En 1956, l'homme, dans le civil chef de la police de Memel, demandait à être réintégré dans la fonction publique au même poste, un poste suffisamment important pour que la presse locale s'en fît l'écho. L'affaire eut un retentissement considérable en Allemagne. Il ne s'agissait plus simplement de délits commis par les Allemands sur des Allemands, fussent-ils juifs, ni du système concentrationnaire nazi, comme dans les procédures judiciaires de l'immédiat après-guerre, mais des premiers massacres de Juifs, ceux commis à l'Est dans la foulée de l'opération Barbarossa, à l'été 1941. Le scandale témoignait de l'impunité dont avaient bénéficié bien des massacreurs. Dans la majorité des cas, personne n'avait songé à retrouver les auteurs de ces massacres. C'est pour pallier cette injustice jugée alors insupportable que fut créé, par les ministres de la Justice des *Länder*, un service de recherche dont la tâche ne fut guère aisée : ces crimes avaient été commis à l'Est, dans les pays se trouvant désormais derrière le Rideau de fer. Le Service central d'enquêtes sur les crimes nationaux-socialistes créa donc des équipes spécialisées, enquêtant dans chaque grand secteur géographique où s'étaient déroulés les massacres. Quand l'enquête était bouclée, il transmettait les informations au parquet du *Land* dont dépendaient les suspects. Le parquet ouvrait alors une action en justice. C'est ce service qui exhuma le cas du 101ᵉ bataillon de réserve de la police allemande, envoyé en Pologne en juin 1942, et qui y perpétra des massacres. L'instruction et les poursuites menées par l'Office du procureur de l'État de Hambourg avaient duré dix ans, de 1962 à 1972. L'historien américain Christopher Browning étudia les interrogatoires de 210 hommes sur les quelque 500 que comptait l'unité. Son ouvrage, *Des hommes ordinaires. Le 101ᵉ bataillon de réserve de la police allemande et la solution finale en Pologne* [1], repose donc sur une source pratiquement unique : les interrogatoires judiciaires des hommes mis en accusation, comme il en fait lui-même la remarque. C'est à partir du même dossier que Daniel Goldhagen revisita l'histoire des hommes appartenant à ce bataillon. Nous y reviendrons.

C'est dans ce contexte allemand que se situe l'arrestation d'Eichmann. A qui est-elle due ? Plusieurs versions ont circulé. Celle présentée par Tom Segev, sans qu'on puisse l'étayer avec une absolue certitude sur des pièces d'archives, nous semble pourtant

---

1. 1994, Belles-Lettres pour la traduction française, avec une préface de Pierre Vidal-Naquet.

la plus convaincante [1]. En septembre 1957, Fritz Bauer, Juif allemand ayant survécu au nazisme, membre du parti social démocrate, procureur général de l'État de Hesse, demanda à être reçu par le représentant d'Israël à Bonn, Eliezer Shinar, et l'informa qu'Eichmann vivait à Buenos Aires. S'il transmettait ce renseignement aux Israéliens, c'est qu'il craignait que son gouvernement rejetât la demande d'extradition ou qu'il fît prévenir Eichmann. Isser Harel, alors à la tête du Mossad, le service secret de l'armée israélienne, envoya un de ses hommes chez le procureur allemand pour contrôler les renseignements. Mais les agents israéliens ne purent localiser Eichmann. Il est probable qu'ils ne consacrèrent pas à cette recherche une énergie suffisante. Deux ans plus tard, Bauer reprenait langue avec le Mossad : Eichmann était localisé, on connaissait son nom d'emprunt. Si Israël n'agissait pas, Bauer communiquerait l'information à son gouvernement qui demanderait l'extradition d'Eichmann. Israël agit. Eichmann fut enlevé, drogué, emmené clandestinement en Israël pour y être jugé lors d'un procès aux ambitions, nous l'avons vu, multiples, mais qui devait avant tout donner aux Israéliens et au monde une leçon d'histoire.

Comment donner de façon efficace cette « leçon d'histoire » ? Quel doit être son contenu ? Le procès Eichmann est bien, comme l'a montré Hannah Arendt, un procès-spectacle où tout a été pesé. De la

1. Tom Segev, *Le Septième Million*, *op. cit.*, pp. 384-386. Nous reprenons ici la version de Segev.

même façon que le procureur américain Robert Jackson, qui ne rendait compte qu'au président américain Truman, fut le grand ordonnateur du procès de Nuremberg, Gidéon Hausner, qui adhérait à la vision de Ben Gourion, fut celui du procès de Jérusalem.

Gidéon Hausner écrivit ses Mémoires, publiés en 1966 [1]. Il y développe longuement ce qu'a été sa conception du procès. « *Dans tout procès, écrit-il, la démonstration de la vérité, l'énoncé du verdict, bien qu'essentiels, ne sont pas seulement l'objet des débats. Tout procès comporte une volonté de redressement, un souci d'exemplarité. Il attire l'attention, raconte une histoire, appelle une morale* [2]. » Pour raconter cette histoire, pour en tirer la morale, Hausner décide de construire la scénographie du procès sur les témoignages. Le grand procès de Nuremberg lui sert de contre-exemple. A Nuremberg, le procureur américain Jackson avait bâti l'accusation sur une masse de documents, dont la lecture avait semblé fastidieuse à beaucoup de journalistes [3]. « *Ordres, comptes rendus, rapports officiels, projets, notes personnelles et même transcriptions de conversations téléphoniques interceptées par la Gestapo ! Il semble que toutes les archives officielles publiques, privées ou secrètes du IIIe Reich n'aient été conservées par des fonctionnaires consciencieux que pour être utilisées par la*

---

1. Gidéon Hausner, *Justice à Jérusalem. Eichmann devant ses juges*, Paris, Flammarion, 1966, p. 382. La publication eut lieu la même année en hébreu, anglais et français.

2. *Idem*, p. 383.

3. Annette Wieviorka, *Le Procès de Nuremberg*, Rennes, Ouest-France-Mémorial, 1995.

suite contre les anciens maîtres de l'Allemagne », avait noté
le témoin attentif que fut Didier Lazard[1]. Les
témoins, ceux de la défense comme ceux de l'accusation, avaient été très peu nombreux : 61 pour les premiers, 33 les seconds, alors que le procès dura dix
mois, et leurs dépositions guère spectaculaires et peu
répercutées dans la presse, à l'exception, en ce qui
concerne la France, du témoignage de Marie-Claude
Vaillant-Couturier, qui avait été déportée le 24 janvier
1943 vers Auschwitz dans l'unique convoi de femmes
résistantes qui y fut dirigé. Les témoins n'avaient pas
été convoqués pour raconter leur histoire, pour
émouvoir les juges ou le public présent au tribunal,
mais essentiellement pour confirmer, commenter,
développer le contenu des documents écrits. Le procès de Nuremberg marque le triomphe de l'écrit sur
l'oral. Certes, Hausner reconnaît le mérite du document. L'excellent dossier que la police, chargée de
l'instruction comme le veut le droit israélien, lui a
préparé est entièrement construit sur des documents
nazis, dont la plupart avaient d'ailleurs déjà été présentés à Nuremberg. « *La preuve écrite est irremplaçable*,
commente Hausner, *son éloquence est là, noir sur blanc.
Il n'est plus besoin de faire appel à la mémoire réticente
d'un témoin lequel entre-temps a vieilli de dix ans. L'avocat
de la défense ne saurait déconcerter par ses questions un
document écrit, encore moins réduire à néant sa déposition.
Le document parle à mi-voix, il ne fait nul éclat, mais il ne
se laisse pas oublier[2].* » Pourtant, si à Nuremberg la

---

1. Didier Lazard, *Le Procès de Nuremberg, récit d'un témoin*,
Paris, 1947, Éditions de la Nouvelle Presse, p. 38.
2. Gidéon Hausner, *op. cit.*, p. 382.

justice avait été rendue de façon efficace, ce procès avec « *quelques témoins, quelques films sur les horreurs des camps de concentration, des piles de pièces à conviction écrites [...] n'avait pas réussi à toucher le cœur des hommes* ». Or, pour Hausner, il ne s'agit pas seulement d'obtenir un verdict : une petite fraction des archives aurait suffi pour « *faire condamner Eichmann dix fois et dix fois encore* ». Il souhaite davantage qu'un verdict : « *Le récit écrit en lettres de feu d'un désastre national, d'un désastre humain hors de proportions ; encore n'aurions-nous qu'un faible écho de ce qui s'était réellement passé.* » Hausner décide donc de faire reposer l'acte d'accusation sur « *deux piliers et non sur un seul ; les pièces à conviction et les dépositions des témoins* ». Nuremberg voulait contribuer à la démonstration que l'Allemagne nazie avait comploté pour conquérir l'Europe et montrer le cortège des crimes qui avait accompagné la guerre d'agression pour que les responsables fussent punis, et que dans le futur il n'y ait plus de guerre mondiale. Ainsi ce procès se voulait doublement historique : l'accusation contribuait à l'écriture d'un récit historique ; elle voulait aussi contribuer à mettre la guerre hors la loi. Avec Eichmann, il s'agit pour Gidéon Hausner de « *tout autre chose que d'enrichir pour l'avenir la Bibliothèque de l'Histoire* ». C'est au présent que s'adresse le procès, à la jeunesse du pays. « *Il était nécessaire pour le bon équilibre de notre jeunesse qu'elle connût la totalité de la vérité sur ce qui s'était passé*, explique encore Hausner, *car ce n'est que par cette prise de conscience qu'elle réussirait à comprendre le passé et à l'assumer. Notre nouvelle génération tout entière absorbée par la création de notre nouvel État et par sa défense n'avait que trop peu pénétré les événements qui auraient dû constituer le pilier de son éducation.* » Curieuse critique. Ce n'est pas parce que la jeunesse est absorbée par d'autres tâches qu'elle connaît peu les événements de la Seconde Guerre mondiale. C'est par la volonté des dirigeants du nouvel État pour lesquels il n'y a aucune leçon à tirer de la vie en diaspora ni du génocide. L'Israélien est un « Juif nouveau » dont la mentalité doit rompre radicalement avec celle faite de soumission, prêtée à ceux, comme on l'écrit alors souvent en Israël, qui se sont « laissé mener comme des moutons à l'abattoir ».

L'objectif fixé, il faut se donner les moyens de l'atteindre. Ces moyens, ce sont les dépositions des témoins. « *Ce n'est que par la déposition des témoins que les événements pourraient être évoqués au tribunal, rendus présents aux esprits parmi le peuple d'Israël et parmi les autres peuples, d'une manière telle que les hommes ne pourraient pas reculer devant la vérité comme on recule devant un chaudron en ébullition, de telle manière qu'on ne pût s'en tenir à ce cauchemar incroyable et fantastique qui émerge des documents nazis* [1]. » Et cette déposition ne doit pas être écrite, lue à la barre, mais bien énoncée par des hommes et des femmes en chair et en os. Pour Hausner, « *le seul moyen de faire toucher du doigt la vérité était d'appeler les survivants à la barre en aussi grand nombre que le cadre du procès pouvait l'admettre et de demander à chacun un menu fragment de ce qu'il avait vu et de ce qu'il avait vécu. Le récit d'un certain enchaînement de circonstances fait par un seul témoin est suffisamment tangible pour être visualisé. Mises bout à bout, les dépositions successives de gens dis-*

1. *Idem*, p. 383.

semblables, ayant vécu des expériences différentes, donne-raient une image suffisamment éloquente pour être enre-gistrée. Ainsi espérais-je donner au fantôme du passé une dimension de plus, celle du réel » [1].

Ces phrases de Gidéon Hausner méritent qu'on s'y attarde. Trente ans après, Geoffrey Hartman, profes-seur de littérature comparée à l'université de Yale, un des fondateurs en 1982 des archives vidéo Fortunoff, dont la mission est l'enregistrement des expériences de ceux qui ont survécu au génocide, retrouve, quand il explique les objectifs d'un projet qui rassemble aujourd'hui quelque 3 000 témoignages, les termes mêmes de Gidéon Hausner. Lui non plus ne remet pas en cause l'importance des archives car « *sans les nombreuses traces écrites laissées par les coupables, dont le triomphalisme était à la fois pointilleux et absolu, sans cette montagne de preuves réunies et interprétées par les histo-riens universitaires, nous ne serions pas capables de pro-duire une image adéquate* ». Mais pour lui, les témoi-gnages apportent ce que précisément ne peut apporter le récit historique fondé sur l'analyse des archives, car « *l'immédiateté de ces récits à la première per-sonne agit comme le feu dans la chambre réfrigérée qu'est l'histoire* [2] ». La même image, celle du feu ; la même

---

1. *Idem*, p. 384.
2. Geoffrey Hartman, « Apprendre des survivants : remar-ques sur l'histoire orale et les archives vidéo de témoignages sur l'holocauste à l'université de Yale », in *Le Monde juif. Revue d'histoire de la Shoah*, janvier-avril 1994, p. 68. J'ai rencontré Geoffrey Hartman en 1990, à Paris. Il m'a confié la mise sur pied de l'antenne française des archives Fortunoff. L'association Témoignages pour mémoire a ainsi rassemblé quelque

volonté de faire appel à l'émotion opposée au caractère supposé « froid » de l'histoire écrite à partir des
archives.

Gidéon Hausner part donc en quête de témoins
car il souhaite, en passant d'un témoignage à
l'autre, reconstituer les divers stades du processus
d'extermination. « *Par-dessus tout,* précise-t-il, *je voulais des gens qui diraient ce qu'ils avaient vu de leurs
yeux et vécu dans leur chair.* »

Gidéon Hausner expose comment, avec le
commissaire Michel Goldman, lui-même un survivant, il travaille au choix des témoins, lisant des centaines de déclarations recueillies par la section de
collectes des témoignages oraux à Yad Vashem, que
dirige une ancienne de l'insurrection du ghetto de
Varsovie, Rachel Auerbach [1], qui avait participé elle-
même à l'exhumation dans les ruines du ghetto de
Varsovie des archives Ringelblum que nous avons
déjà évoquées. Car contrairement à l'idée reçue,
une idée qui a la vie longue, le témoin ne témoigne
pas au procès Eichmann pour la première fois : il
est choisi en fonction d'un premier témoignage, un
témoignage qui existe par écrit, soit qu'il ait été
publié, soit qu'il ait été donné oralement et retrans-
crit. Après un premier filtrage, Hausner s'entretient
une première fois avec le témoin pressenti et choisit
celui qui aura l'honneur de témoigner au procès,

---

130 témoignages déposés aux Archives nationales et librement
consultables par les étudiants et les chercheurs. Nous avons de
longues conversations à chacun de ses séjours parisiens. Il m'a
confirmé qu'il n'avait jamais lu Gidéon Hausner.

1. Voir première partie, p. 24.

devant les centaines de journalistes venus du monde entier. C'est un véritable *casting*. Certains sont pourtant réticents. « *Cette réticence à témoigner, précise Hausner, était due en partie à une tentative délibérée d'oublier les événements qui, quoi qu'ils fassent, les poursuivaient dans leurs rêves. Ils ne voulaient pas les revivre. Mais il y avait une autre raison, bien plus forte ; ils craignaient de ne pas être crus. Le jour où [...] les survivants à bout de force émergèrent pour finir des forêts, des camps et des cachettes ils éprouvèrent un vrai besoin de raconter leur histoire. Mais lorsqu'ils se laissèrent aller à parler et à narrer des choses si inouïes qu'elles dépassaient l'entendement, il arrivait que leur interlocuteur eût un geste de doute, un mot d'étonnement. Le plus souvent, cette attitude n'existait que dans l'imagination du narrateur ; mais pour beaucoup de ces gens blessés dans l'âme et sensibles à la moindre nuance, cela suffisait à leur faire chercher un refuge dans le silence. Ils enterraient au fond de leur cœur tout ce qu'ils savaient et décidaient de ne plus jamais en parler.* » L'analyse que propose ici Gidéon Hausner rejoint ce que les survivants eux-mêmes avaient expliqué dans l'après-guerre et expliqueront de nouveau dans les années quatre-vingt, quand ils seront instamment sollicités de témoigner. Ainsi Simone Veil : « *On entend souvent dire que les déportés ont voulu oublier et ont préféré se taire. C'est vrai sans doute pour quelques-uns, mais inexact pour la plupart d'entre eux. Si je prends mon cas, j'ai toujours été disposée à en parler, à témoigner. Mais personne n'avait envie de nous entendre. [...] Il est vrai que la bêtise de certaines questions posées, le doute parfois exprimé sur la véracité de nos récits ou au contraire l'interrogation " gourmande " de ceux qui espéraient des récits encore plus horribles que la réalité pour satisfaire une imagination sadique avide de sensationnel nous ont incités à la prudence et à choisir nos interlocuteurs* [1]. » Le sociologue américain William Helmreich note quant à lui : « *La plupart des survivants ont rapidement appris à ne pas parler de la guerre, rationalisant leur réticence en disant que les histoires étaient trop horribles pour être crues. Les Américains répondaient souvent à de telles histoires en racontant à leur tour combien le temps de la guerre avait été pour eux celui des privations, surtout du fait du rationnement de la nourriture. La tante de Moritz Felberman (un survivant), le mit en garde : " Si tu veux te faire des amis, ici, en Amérique, cesse de parler de tes expériences. Elles n'intéressent personne et si tu les racontes, ils t'écouteront une fois et auront ensuite peur de te voir. N'en parle jamais* [2] ". » Plus de 350 000 survivants du génocide vivaient en Israël en 1949, soit un Israélien sur trois. Pourtant, en Israël aussi, une sorte de consensus s'établit, que Tom Segev résume ainsi : « *Moins on parlait du génocide, mieux cela valait. Ainsi prit place le grand silence* [3]. »

Mais il ne faudrait pas croire qu'au moment du procès Eichmann, la réticence à témoigner, en pardie due aux difficultés à faire entendre son expérience au lendemain de la guerre, fût générale.

1. Simone Veil, *in* Annette Wieviorka, *Déportation et génocide, op. cit.*, p. 170.
2. William Helmreich, *Against All Odds : Holocaust Survivors and The Successful Lives They Made in America*, New York, Simon & Schuster, 1992. Cité in Alvin Rosenfeld, « The Americanization of the Holocaust », in *Thinking about the Holocaust after half a century*, Alvin H. Rosenfeld éd., Bloomington et Indianapolis, Indiana University Press, 1997, p. 136.
3. Tom Segev, *op. cit.*, p. 225.

Bien au contraire. Une masse de témoins volontaires se présente, insiste pour venir déposer. Ce qui inquiète Gidéon Hausner qui ne les aborde pas sans précautions, « *craignant leur désir de s'assurer, en paraissant à la barre, une publicité qui allait de soi* ». Que dire alors de la publicité qu'assure aujourd'hui, dans notre société du spectacle, la télévision, et qui peut amener certains témoins ou acteurs de cette histoire, comme tout un chacun d'ailleurs, à outrepasser son témoignage, à le rendre plus conforme à ce qu'il imagine que le public attend de lui pour s'assurer ainsi une gloire dont il ne sait peut-être pas qu'elle est tout à la fois éphémère et fongible ?

Le choix des témoins par Gidéon Hausner obéit en outre à un double impératif, historique et sociologique : « *Je voulais*, écrit-il encore dans ses Mémoires, *faire connaître ce qui s'était produit en tout endroit sous l'occupation nazie et je voulais que l'histoire fût racontée par un échantillonnage complet de tout le peuple — professeurs, ménagères, artisans, écrivains, agriculteurs, commerçants, docteurs, fonctionnaires, ouvriers. D'où la diversité des témoins. Ils appartenaient à tous les degrés de l'échelle sociale ainsi qu'il en allait au moment où la catastrophe avait fondu sur la nation tout entière* [1]. »

Comment éviter que des erreurs se glissent dans les témoignages « *de la part de gens qu'on invitait à rapporter des faits vieux de vingt ans ?* » Pour pallier cette difficulté, Hausner choisit de « *faire venir des*

1. Gidéon Hausner, *op. cit.*, p. 389.

gens qui avaient remis des déclarations à Yad Vashem depuis longtemps déjà ou qui avaient rédigé leurs souvenirs, qu'ils les aient publiés ou non, car leur mémoire serait plus aisément rafraîchie par leurs notes »[1]. En vérité, la mémoire n'est pas, comme le pense Hausner, « rafraîchie » par les notes. C'est le récit déjà fait qui est devenu la mémoire même, comme le note Primo Levi : « [...] après quarante ans ou presque, je me rappelle tout cela à travers ce que j'ai écrit : mes écrits jouent pour moi le rôle de mémoire artificielle[2]. » Ou encore Louise Alcan, dans son second récit : « J'avais écrit fin juin ce dont je me souvenais. C'est aujourd'hui la mémoire de ma mémoire du point de vue factuel[3]. » Ainsi un certain nombre d'auteurs de récits déjà publiés furent-ils appelés à la barre.

C'est le 28 avril, dix-sept jours après l'ouverture du procès, que « *la cour entend le premier murmure des morts sans voix* »[4], en la personne d'Ada Lichtman, premier témoin de Pologne. Avant étaient déjà venues à la barre les victimes d'avant la Solution finale, celles de la première persécution des Juifs d'Allemagne qui suivit l'arrivée de Hitler au pouvoir. Sindel Grynzpan, le père de Herschl qui avait abattu

---

1. *Idem.*
2. Primo Levi, *Le Devoir de mémoire*, Entretien avec Anna Bravo et Federico Cereja, Paris, Mille et une Nuits, 1995, p. 22.
3. Louise Alcan, *Le Temps écartelé*, Saint-Jean-de-Maurienne, 1980, p. 80.
4. Lawrence Douglas, *The Holocaust on Trial*, manuscrit inédit, édité depuis sous le titre *The Memory of Judgment*, Yale, Yale University Press, 2001.

à Paris Ernst vom Rath, le troisième secrétaire de l'ambassade d'Allemagne, acte qui servit de prétexte au pogrom dit de la Nuit de Cristal du 10 au 11 novembre 1938, vient raconter ce qui fut à l'origine de l'acte de son fils, l'expulsion extrêmement brutale d'Allemagne de 12 000 Juifs polonais : « *Ceux qui ne pouvaient marcher étaient battus*, dit Sindel Grynzpan à la barre, *le sang coulait sur la route, on nous arrachait les paquets que nous tenions à la main, ils se comportaient avec nous de manière cruelle et barbare* [1]. » Puis, « *comme dans une course-relais* » [2], Benno Cohn prend la relève. Celui qui fut le président de l'organisation sioniste en Allemagne raconte les années 1933-1939 en Allemagne, avant son émigration en Palestine, comme d'autres racontent bientôt la Vienne de l'Anschluss. Mais ces témoins, à la différence d'Ada Lichtman, sont tous des témoins d'avant la Catastrophe.

Le témoignage d'Ada Lichtman commence par un cafouillage sur son prénom, qui pourrait prêter à rire dans un autre contexte, mais que l'on peut interpréter comme un flou dans son identité. Quand le président lui demande son nom, elle répond :

« Eda Lichtman, pardon, Ada.

LE PRÉSIDENT : Eda ou en hébreu Ada ?

TÉMOIN LICHTMAN : Oui, en hébreu, Ada.

LE PRÉSIDENT : Comment écrivez-vous cela en yiddish ?

1. Audience 14, 25 avril 1961.
2. Haïm Gouri, *La Cage de verre*, Paris, Albin Michel, 1964, p. 39.

TÉMOIN LICHTMAN : En yiddish, c'est Ethel.
LE PRÉSIDENT : Ethel, bien. Ada, ou Eda, Ethel [1]. »

Ada Lichtman habitait au début de la guerre à Wielizka, à quatorze kilomètres de Cracovie où elle était née et avait fait ses études. Les Allemands pénétrèrent dans la ville, rassemblèrent tous les hommes juifs, les frappèrent, les contraignirent à nettoyer les rues. Puis, on les obligea à se déshabiller. « *Tous ceux qui s'arrêtaient pour reprendre haleine recevaient des coups de baïonnette dans le dos. Presque tous rentrèrent chez eux en sang. Mon père était parmi eux* », raconte-t-elle. Quelques jours plus tard, le 12 septembre 1939, l'armée allemande a fait évacuer la place du marché. Un camion est arrivé et onze officiers et soldats casqués, revêtus de l'uniforme vert, sont descendus du camion. C'était des SS. « *Ils firent appeler tous les hommes juifs, quel que soit leur âge, les ont tous rassemblés sur la place du marché et leur firent croiser les mains sur la nuque. Ils prirent trente-deux personnes. Ils prirent aussi quatre Polonais non juifs, parmi lesquels un professeur de lycée, un prêtre et un officier. On leur fit faire le tour de la place en criant : " Nous sommes des traîtres. " Puis on les fit monter dans un camion.* » Avec sa belle-sœur, Ada courut derrière le camion, jusqu'à une petite forêt où elles découvrirent les

---

1. Les minutes du procès sont disponibles en hébreu, allemand, français et yiddish et peuvent notamment être consultées au CDJC. En français, il s'agit du texte de la traduction simultanée effectuée lors du procès. C'est ce texte que nous allons utilisé, en améliorant la qualité d'un français bien souvent approximatif. Ada Lichtman témoigne lors de la vingtième audience du procès, le 28 avril 1961.

corps criblés de balles. Quelques semaines plus tard, la jeune fille s'enfuit à Cracovie, puis à Mielec où elle est à nouveau témoin oculaire d'atrocités. Des Juifs, surtout des hommes, sont enfermés dans la grande synagogue et fusillés. On attrape dans la rue les hommes portant la barbe, on les emmène chez le coiffeur, où on leur arrache la barbe, détachant des morceaux de chair. En 1941, Mielec est vidée de ses Juifs. Les Juifs sont tirés de chez eux. Les malades, ceux qui ne peuvent se déplacer sont fusillés. Les autres sont rassemblés sur la place du marché. Les hommes jeunes sont séparés des femmes, des vieillards et des enfants qui sont emmenés à quelques kilomètres, dans une fabrique d'avions. Puis, c'est un nouveau camp. Ada Lichtman est à nouveau témoin de scènes identiques. « *A Dublinka*, dit-elle, *les Allemands rassemblèrent vingt Juifs orthodoxes, leur ordonnèrent de se draper dans leurs châles, de nouer leurs phylactères, de chanter des hymnes, de lever leurs mains au ciel. Puis des officiers allemands les arrosèrent d'essence et y mirent le feu.* » « *Vous l'avez vu de vos propres yeux ?* » demande le procureur. « *Oui, je l'ai vu de mes propres yeux.* » Et elle raconte encore : « *Un vieil homme tenait un enfant dans ses bras. Les Allemands lui ordonnèrent de poser l'enfant à terre. Mais il leur dit que l'enfant ne pouvait pas marcher. Ils commencèrent par tuer le vieil homme. J'entends encore l'enfant qui criait : " Tuez-moi, mais ne touchez pas à grand-père. " L'enfant fut tué lui aussi.* »

Le témoignage d'Ada Lichtman n'est guère resté dans les mémoires. Il ne fait pas partie de ce qui est généralement considéré comme les temps forts de ce procès. Haïm Gouri, absent lors de sa comparution à la barre, n'évoque même pas son nom. Il est à peine mentionné dans les ouvrages consacrés au procès. C'est que d'autres témoignages, que nous évoquons plus loin, l'ont fait pâlir. Pourtant, comme le note Lawrence Douglas, il marque dans le procès une rupture. Rupture linguistique d'abord[1]. Quand le président demande au témoin s'il parle hébreu, le témoin répond qu'il ne parle « pas bien » et qu'il aimerait mieux parler en yiddish. La cour prend acte de cette situation et décide que les questions seront posées au témoin directement en yiddish. « *L'hébreu disparaît de la cour et la langue du peuple juif assassiné d'Europe est soudain auditivement présente, alors que les juges comme le procureur se dispensent de la contrainte d'une traduction simultanée* », remarque Lawrence Douglas. Comme le note un des commentateurs : « *Vous trembliez en entendant les mots de la langue des égorgés et des brûlés*[2]. » Comment ne pas songer à Sutzkever dont nous avons évoqué le témoignage à Nuremberg ? « *Que ma langue triomphe à Nuremberg comme symbole de pérennité* », avait-il alors noté dans son journal avant d'être contraint, rappelons-le, de témoigner en russe[3].

Mais le témoignage d'Ada Lichtman introduit aussi une rupture dans la structure et la nature même du témoignage. Le témoin n'est pas là pour administrer une quelconque preuve de la culpa-

---

1. L'importance de ce témoignage nous avait échappé. C'est la lecture du manuscrit de Lawrence Douglas qui a attiré notre attention sur ce témoin. Qu'il en soit ici remercié.
2. Lawrence Douglas, *op. cit.*, l'observateur est Natan Alterman.
3. Voir *supra*, pp. 52-53.

bilité du prévenu (le lien entre l'histoire d'Ada Lichtman et les responsabilités d'Eichmann n'est en rien évident), mais pour faire un récit dont la finalité est double : conter sa propre survie, mais surtout, évoquer ceux qui sont morts et comment ils ont été assassinés.

Parmi les témoignages qui firent grande impression, celui de Léon Wells-Wieliczker. Devenu aux États-Unis où il avait émigré en 1949 un scientifique réputé, Léon Wells fut le seul témoin à raconter deux jours durant. C'est, dit Léon Poliakov, la déposition « *la plus dramatique du procès* » [1]. Or, Wells, qui fut chargé avec d'autres détenus d'ouvrir les fosses communes, d'en sortir les cadavres, de former des bûchers, de brûler des corps, de broyer des os et d'extraire tous les objets de valeur qui pouvaient encore se trouver parmi les cendres, ne témoigne pas pour la première fois. Son premier récit est paru en polonais à Lodz en 1946. Après le procès Eichmann, ses souvenirs, aujourd'hui tombés dans un oubli total, paraissent aux États-Unis, puis en France [2]. Pour l'historien, la valeur du texte écrit est incomparable. Mais la présence physique du témoin, « *l'homme le plus étrange que j'aie vu de ma vie* », selon le poète israélien Haïm Gouri, son comportement, le timbre de sa voix ajoutent au témoignage

---

1. Léon Poliakov, *Le Procès de Jérusalem, jugements, documents*, Paris, Éditions du Centre, 1963, p. 44.
2. Léon G. Wells, *Pour que la terre se souvienne*, traduit de l'anglais par Catherine et Jacques Legris, avant-propos du R.P. Riquet, introduction de Frédéric Pottecher, Paris, Albin Michel, 1962.

factuel. Il parle un anglais emprunté, avec un accent polonais, précise Gouri. Un langage sans adjectif *« comme s'il se fût trouvé ailleurs et que l'homme qui parle en ce moment n'était que son délégué qui aurait appartenu au commando de la mort 1005 »* [1].

C'est aussi Georges Wellers qui raconte à la barre comme il l'avait fait dans son livre de témoignage écrit dès son retour d'Auschwitz [2], comment il vit arriver au camp de Drancy les enfants arrêtés les 16 et 17 juillet 1942 lors de la rafle du Vel' d'Hiv. Parqués quelque temps au Vélodrome d'hiver, les enfants et leurs mères furent transférés dans les camps du Loiret, Pithiviers et Beaune-la-Rolande. La réponse tarde à la demande qu'a faite Laval de déporter aussi les enfants. Les femmes partent les premières, laissant les enfants dans une infinie détresse. Les enfants ensuite sont transférés à Drancy, puis déportés. C'est le récit bouleversant de l'arrivée de ces enfants à Drancy, dont s'était d'ailleurs inspiré André Schwarz-Bart dans *Le Dernier des justes*, que Georges Wellers renouvelle devant le tribunal de Jérusalem. Là encore, alors que les mots sont les mêmes, l'enceinte juridique, la radio, la télévision pour les États-Unis, amplifient le témoignage,

---

1. Haïm Gouri, *La Cage de verre, op. cit.*, p. 50. Le commando 1005 (Aktion 1005) fut le nom codé de l'opération destinée à faire disparaître les traces du meurtre de millions de Juifs en juin 1942, quand les nouvelles des meurtres de masse commencèrent à atteindre les Alliés. Il s'agissait de déterrer les corps enfouis dans des fosses communes et de procéder à leur crémation.
2. Georges Wellers, *De Drancy à Auschwitz*, Éditions du Centre, 1946.

lui donnent une résonance infiniment plus large que celle d'un livre dont le tirage fut bien limité.

Dernier exemple, enfin, le témoignage de KaTzetnik (ce qui signifie dans le langage des camps de concentration le « détenu »), de son vrai nom Yehiel Dinour *alias* Dinenberg. Lui aussi a témoigné, dès l'après-guerre, en yiddish. Puis il a rédigé un ouvrage de souvenirs, *Maisons de filles* [1], qui fut aux États-Unis un best-seller mais ne rencontra pas de succès en France. A Gidéon Hausner qui l'interroge sur son nom, il déclare : « *Ce n'est pas un nom de plume. Je ne me considère pas comme un écrivain au sens littéraire du terme. Je ne suis que l'historien de la planète Auschwitz. J'y suis resté environ deux ans. Le temps là-bas n'avait pas la même mesure que sur la terre. Chaque fraction de seconde s'inscrit dans une échelle différente. Les habitants de cette planète ne portaient pas de nom, ils n'avaient pas de famille ; ils n'étaient pas nés là et ils n'engendraient pas d'enfants. Ils respiraient selon des lois qui n'étaient pas les lois de la nature. Ils ne vivaient ni ne mouraient comme on meurt sur terre. Leur nom était n°... KaTzetnik.* » Hausner l'interrompt alors, lui montre un vêtement d'interné. « *Oui,* répond le témoin, *voici l'uniforme de la planète Auschwitz. Je crois de tout mon cœur que je devrai continuer à porter le nom de KaTzetnik, aussi longtemps que le monde ne sera pas soulevé après la crucifixion de cette nation, pour venir à bout du mal, comme il s'est levé avec la crucifixion d'une seule Personne. Je crois, de tout mon cœur même, que les astres ont une influence sur notre destinée, cette planète de cendres Auschwitz est en opposition avec la*

---

1. Gallimard, 1958 dans une traduction à partir de l'anglais.

planète Terre et l'influence encore.» Quelques mots encore, et le témoin s'évanouit. Cet évanouissement est l'extrait filmé du procès le plus souvent montré dans les émissions de télévision qui évoquent le procès Eichmann.

On pourrait ainsi « filer » les témoins transnationaux du génocide : de leurs premiers témoignages, sous forme de livres ou de dépositions, conservés dans les divers dépôts d'archives, à aujourd'hui, et étudier la migration de ces témoignages. Ainsi, dans *Shoah*, le film de Claude Lanzmann, figurent Simon Srebnik, l'enfant chanteur, ou Mordechaï Podklebnik, deux des trois seuls survivants de Chelmno, tous deux antérieurement témoins au procès Eichmann comme d'ailleurs le héros de l'insurrection du ghetto de Varsovie, Itzhak Zuckermann.

Nous nous étions fixé pour objectif de comparer les témoignages de Simon Srebnik et de Michael Podklebnik[1] lors du procès Eichmann et dans le film de Claude Lanzmann. L'opération s'est révélée à la limite du réalisable, et, au bout du compte, sans intérêt. D'abord parce qu'en ce qui concerne le procès Eichmann, nous n'avons eu à notre disposition que les sténogrammes du procès, et non le film. Manquaient les voix et les visages, et en les lisant, c'étaient les visages, les voix, et pour Michael Podklebnik, la saveur du yiddish, tels qu'ils apparaissaient dans l'œuvre de Lanzmann, qui parasitaient notre lecture. Dans leurs éléments factuels, l'histoire est la même. Au procès Eichmann, Simon Srebnik

---

1. Michael Podklebnik témoigna lors de l'audience 65, le 5 juin 1961, et Simon Srebnik lors de l'audience 66, le 6 juin 1961.

raconte qu'il se trouvait au ghetto de Lodz en 1943, qu'un samedi, alors qu'il se promenait avec son père, il a entendu un coup de feu et son père est tombé à côté de lui. Il avait treize ans. Il a ensuite été conduit au camp de Chelmno. A sa descente du camion, on lui a enchaîné les jambes. Ces chaînes, il les a portées jusqu'à la Libération, en 1945. « *Je ne pouvais pas marcher. On sautait simplement.* » Puis il raconte les camions à gaz et la crémation des corps, et comment il fut fusillé, mais comment aussi la balle ne toucha pas chez lui les centres vitaux. Dans son témoignage, Srebnik n'évoque à un aucun moment le chant. Or, pour les spectateurs de *Shoah*, Simon Srebnik est « l'enfant chanteur » de Chelmno. De chant, il n'est pas fait mention dans le témoignage au procès Eichmann.

C'est bien tout à la fois la façon de conduire l'entretien et sa mise en perspective qui décident du témoignage. Le procureur Gidéon Hausner pose des questions précises, qui réclament des réponses factuelles. Les questions de Lanzmann sont d'une autre nature. Ainsi à Michael Podklebnik : « *Qu'est-ce qui est mort en lui à Chelmno ?* » « *Est-ce qu'il trouve que c'est bien d'en parler ? Alors pourquoi en parle-t-il quand même ?* » Et ces questions induisent une double réflexion chez le témoin, réflexion absente du procès Eichmann. Une réflexion, ou un effort de mémoire sur ce qu'il pensait ou sentait ; une réflexion sur ce qu'il ressent aujourd'hui. Le témoin porteur d'une expérience, fût-elle unique, n'existe pas en soi. Il n'existe que dans la situation de témoignage dans laquelle il est placé. Et il faut bien reconnaître que *Shoah* révolutionne en quelque sorte le témoignage, dans un au-delà de l'histoire des historiens, qui est proprement l'œuvre d'art.

Chaque époque trouve pour le témoignage un support différent : le papier, la bande vidéo, la cour de justice, le documentaire. Même si le récit reste identique dans ses composantes factuelles, il se trouve, suivant les circonstances mêmes du témoignage, pris dans une construction collective. Il fait désormais partie d'un récit plus vaste, d'une construction sociale, comme le montre particulièrement clairement le procès Eichmann.

Le procès de Jérusalem était en théorie celui du bourreau. Or très vite, Adolf Eichmann disparaît. Ce n'est plus le protagoniste de la « Solution finale » sur lequel sont braqués les feux des médias. L'homme derrière la cage de verre s'efface devant les victimes. Le 2 mai 1961, le poète et journaliste Haïm Gouri constate avec étonnement : « *Soudain, je me rends compte que je n'ai pas regardé, aujourd'hui, la cabine de verre. Les choses ont pris des proportions qui le dépassent, bien qu'il ait été un de ceux qui leur donnèrent ces proportions* [1]. » Le tournage du procès avait été commandité à un réalisateur américain, Leo Horwitz, qui avait installé dans la salle du tribunal quatre caméras cachées qui se relayaient pour que l'ensemble du procès fût filmé, mais sous un seul angle. Ce qui avait d'ailleurs été la technique du filmage du procès de Nuremberg. Or les télévisions du monde ne réclament que les séquences où les témoins survi-

1. Haïm Gouri, *op. cit.*, p. 48.

vants déposent [1]. Peu importe d'ailleurs s'il existe ou
non un lien entre l'accusé, dont la présence a pâli,
et les faits relatés par le témoin. Le témoin raconte,
et il est impossible de lui faire abréger son récit.
Car, note Tom Segev, « *ce qui se trouvait au cœur de
leurs récits n'était pas la politique de meurtre de masse, ni
l'organisation d'ensemble ou les horaires des trains dont
Eichmann était responsable, mais la terreur de la mort
elle-même. Les témoins racontaient leur propre histoire, et
c'est ce qui donnait du poids à leurs paroles* » [2]. Mais c'est
aussi le lieu où ces paroles sont proférées qui leur
donne un poids singulier, car elles acquièrent une
double dimension qu'aucun livre n'est à même de
conférer : une dimension politique et une dimension sociale. Politique parce que c'est l'État, repré-
senté notamment par le procureur, qui est à l'origine de la parole et qui la leste ainsi de tout le poids
de sa légitimité et de sa portée institutionnelle et
symbolique ; sociale parce que la parole se fait
devant des juges chargés d'apprécier la vérité qu'elle
contient et qu'elle est relayée par les médias du
monde entier. Elle donne aussi au témoin, pour la
première fois depuis la fin de la guerre, le sentiment
d'être réellement entendu. Dès la lecture de l'acte
d'accusation, Haïm Gouri avait saisi la transformation que l'enceinte judiciaire avait fait subir aux
mots : « *On dit à juste raison*, écrit-il, *que le discours
d'accusation du procureur général Gidéon Hausner fut
un moment inoubliable. J'y étais, je le confirme. Si j'avais*

1. Jean-Michel Frodon, « " L'expert ", film-enquête sur la
visibilité du mal », *Le Monde*, 24 septembre 1997.
2. Tom Segev, *op. cit.*, p. 412.

lu l'essentiel de ce qu'il a dit dans un livre, dans un des nombreux livres qui ont été écrits sur cette époque, je crains que je ne fusse resté étranger au texte au lieu de m'en imprégner. Mais des choses connues ont été dites dans le prétoire du tribunal de Jérusalem et soudain, comme par miracle, elles ont pris une ampleur imprévisible.

« *Il faut croire que ces mots ont été prononcés dans un moment de grâce comme il y en a peu. Métamorphosés par le public silencieux, les caméras, les plumes courant sur le papier, quelqu'un qui se lève et sort, les gendarmes, l'expression figée des trois juges, l'huissier debout sur le côté, ces mots sont devenus d'autres mots* [1]. »

La litanie du témoignage est l'essence du procès Eichmann : cent onze témoins, « *procession interminable qui se perd sous nos yeux, qui sombre et réapparaît dans le rougeoiement du feu et du sang. Cent onze émissaires venus l'un après l'autre à la barre des témoins pour nous guider à travers le royaume de la désolation* » [2]. Un certain nombre de spécialistes se plaignent du nombre excessif de témoins cités, de la longueur de leur témoignage, et, en dernière analyse, de celle du procès. Mais c'est le nombre, explique Gouri, qui seul peut donner une image de ces années, des « *étendues de cet univers qui fut et qui n'est plus* ». Et Haïm Gouri de revenir sans cesse à l'importance de ces témoignages : « *Les nombreux témoins*, écrit-il, *n'ont pas été cités pour accumuler de la douleur et de la colère. Ils ont témoigné pour mettre en lumière le massacre dans ses détails* [...] *Ils furent l'essence du procès car ils*

1. Haïm Gouri, *op. cit.*, p. 31.
2. *Idem*, p. 157.

étaient les délégués autorisés de l'holocauste. Ils étaient les faits [1]. » Or, quand le dernier témoin a parlé, le procureur informe qu'il est assailli par des centaines de demandes de personnes souhaitant témoigner. Ce que le président confirme : le tribunal est lui aussi assailli par des demandes analogues ; et « *nous savons aujourd'hui que derrière chacune d'elles se cache un récit qui doit être raconté, que devant la porte des bureaux du ministère public se presse une multitude de gens qui se poussent et jouent des coudes pour être entendus les premiers avec, à la bouche, toujours les mêmes phrases : " Ce n'est encore rien, écoutez plutôt... ", " Vous ne pouvez imaginer ce qu'ils m'ont fait, ce qu'ils nous ont fait "* ».

Était-ce la fonction d'un procès de prétendre, tout en jugeant un homme, à ce que l'histoire fût retracée ? Si des interrogations se font jour sur la valeur d'une justice qui postule d'emblée une finalité autre que la sienne, personne ne s'interroge alors sur les répercussions que confère à l'écriture de l'histoire une justice qui se donne comme but précisément d'écrire l'Histoire, ni d'ailleurs sur la signification de l'écriture d'une histoire à partir des seuls témoignages, des témoignages qui expriment une telle souffrance que personne, même l'avocat de la défense, le Dr Servatius, n'ose critiquer, hésitant même à mettre en cause, très timidement, leur pertinence par rapport au procès. Hannah Arendt fait en ce domaine encore quelques remarques de bon sens. La plupart des témoins, note-t-elle, ne savent pas, « *mais ce don est rare — distinguer ce qui leur était*

1. *Idem*, p. 296.

arrivé seize ou vingt ans auparavant, de ce qu'ils avaient lu, entendu ou imaginé depuis »[1]. Mais surtout, elle dénonce le droit des témoins à relater des faits sans rapport avec l'accusation. Ainsi, la majorité des témoins (cinquante-trois) venaient de Pologne et de Lituanie, territoires sur lesquels la compétence et l'autorité d'Eichmann étaient réduites. Si l'avocat d'Eichmann, le Dr Servatius, ose parfois mettre en cause le fait qu'ils témoignent en quelque sorte « hors sujet », il le fait discrètement, sans jamais s'en prendre au contenu même du témoignage, sans jamais interrompre le témoin. En revanche, des voix se font entendre pour critiquer le mélange des genres, celle d'Hannah Arendt notamment, dont les reportages dans le *New Yorker*, devenus en 1963 un ouvrage, suscitèrent alors d'importantes controverses. Elle s'insurge contre le fait que l'Histoire, dans l'esprit de l'accusation, est au centre du procès, et cite Ben Gourion : « *Ce n'est pas un individu qui est au banc des accusés dans ce procès historique, et ce n'est pas le seul régime nazi ; c'est l'antisémitisme à travers toute l'Histoire*[2]. » Sa conclusion est sans appel : « *Mais quels que fussent les intentions de Ben Gourion et les efforts déployés par le procureur, celui qui demeurait dans le box des accusés était un individu, une personne en chair et en os. Et quoique Ben Gourion prétendît que " le verdict prononcé contre Eichmann [lui] était indifférent ",*

---

1. Cité par Hannah Arendt, *Eichmann à Jérusalem. Rapport sur la banalité du mal,* traduction de l'anglais par Anne Guérin, revue par Michelle-Irène Brudny de Launay (première édition en français : 1966), Folio-Gallimard, 1997, p. 363.

2. Hannah Arendt, *op. cit.*, p. 37.

il est certain qu'il fallait en prononcer un : c'était même l'unique devoir du tribunal de Jérusalem [1]. »

Le procès Eichmann a libéré la parole des témoins. Il a créé une demande sociale de témoignages, comme le feront plus tard en France d'autres procès, comme le procès de Klaus Barbie, de Paul Touvier ou celui de Maurice Papon, comme le feront aussi deux films de fiction, le feuilleton télévisé américain, *Holocauste*, et le film de Steven Spielberg, *La Liste de Schindler*. Nous y reviendrons. Cette libération de la parole a-t-elle une fonction thérapeutique comme le voudrait une certaine vulgate psychanalytique ? Nous n'avons pas les compétences pour nous prononcer sur ce sujet, et il est fort possible que les effets diffèrent selon les personnes. Parmi les anciens d'Auschwitz qui ont écrit des livres capitaux, le Belge d'origine autrichienne Jean Amery, le Polonais Tadeusz Borowski, l'Italien Primo Levi se sont suicidés, comme d'ailleurs Piotr Rawicz, qui avait émigré en France après la guerre.

En revanche, avec le procès Eichmann, le survivant acquiert son identité sociale de survivant, parce que la société la lui reconnaît. Avant le procès Eichmann, le survivant, du moins celui qui le souhaite, maintient cette identité par et dans la vie associative, une vie associative close sur elle-même, qui tout à la fois permet d'honorer le souvenir de ses morts et de maintenir une sociabilité entre personnes qui ont vécu les mêmes événements, qui, dans le cadre des

1. *Idem*, p. 39.

Landsmanshaftn que nous avons déjà évoquées, viennent du même « pays ». Les rares tentatives pour permettre que ce souvenir du génocide soit introduit dans l'espace public sont alors vouées à l'échec : les politiques, dans quelque pays que ce soit, n'en veulent pas ; aucun segment de la société n'est demandeur. Le procès Eichmann change la donne. Au cœur de cette identité de survivant nouvellement attribuée, une fonction nouvelle, celle de porteur d'histoire. Et l'avènement du témoin transforme profondément à terme les conditions mêmes de l'écriture de l'histoire du génocide. Avec le procès Eichmann et l'émergence du témoin, homme-mémoire attestant que le passé fut et qu'il est toujours présent, le génocide devient une succession d'expériences individuelles auxquelles le public est supposé s'identifier. De l'éclairage mis à Nuremberg sur les bourreaux et sur les mécanismes qui avaient permis la guerre, assorti de la volonté de mettre la guerre, ses fauteurs, ses criminels hors la loi, l'éclairage se porte dès lors sur les seules victimes. A la volonté d'intervenir dans l'histoire, en posant le principe que les hommes politiques peuvent être jugés et en tentant de mettre sur pied un nouveau droit international, s'oppose l'idée de constituer une mémoire riche de leçons pour aujourd'hui et pour demain. Ces diverses fonctions du témoignage voulues dans la lucidité lors du procès Eichmann, énoncées clairement par le procureur israélien, perdurent. Du sens produit par cette identification, de la modification qu'elle doit entraîner, et qu'elle entraîne, dans les comportements ou les pensées des générations d'après, rien n'est dit au moment d'Eichmann.

Pourtant, l'écriture de l'histoire du génocide a tenté, jusqu'à la parution de l'ouvrage de Daniel Goldhagen, de maintenir quelques règles fonda-mentales du métier d'historien, quelle que soit d'ailleurs la perspective historiographique choisie. Car en vérité, dès l'après-guerre, se mettent en place deux courants historiographiques qui tracent en des lignes parallèles qui jamais ne se rejoignent deux histoires de la Shoah. D'un côté, comme nous l'avons exposé ailleurs, une historiographie de la « Solution finale », c'est-à-dire de la machine de mise à mort nazie, de l'autre côté une histoire du *Hurbn*, c'est-à-dire une histoire écrite du point de vue des victimes [1]. Les historiens, quelle que soit leur implication personnelle dans des événements dont ils furent, pour les pionniers comme Léon Poliakov, Raul Hilberg, Lucy Dawidowicz ou Saül Friedländer, les contemporains, respectent pourtant les règles élémentaires du métier. Ils se gardent de se transformer en juges ou en procureurs. Ils ne jouent pas à dessein sur l'émotion dans la construc-tion d'un récit qui fait d'abord appel à l'intelligence.

---

1. Annette Wieviorka, « "Solution finale " et *Hurbn*. Essai d'historiographie », in, sous la direction de Jean Baumgarten, Rachel Ertel, Itzhok Niborski, Annette Wieviorka, *Mille Ans de cultures ashkénazes, op. cit.* Une nouvelle historiographie, qui concilie ces deux perspectives, nouant avec grand talent microhistoire et mouvement général, est en train de naître, comme le montre le remarquable ouvrage de Saül Friedländer, *L'Allemagne nazie et les Juifs. I. Les Années de persécution (1933-1939)*, Seuil, 1997.

Ainsi Poliakov explique les problèmes qu'il rencontra pour écrire *Bréviaire de la haine* : « *Comment trouver le ton juste, comment exprimer une indignation qui cependant devait rester sous-jacente. C'est cet aspect-là qui a primé. Éviter les invectives, et faire parler les documents : ils étaient suffisamment éloquents* [1]. » Contrairement à ce qu'affirment Gidéon Hausner ou Geoffrey Hartman, l'histoire ainsi écrite n'est pas « réfrigérée ». La mise à distance n'empêche pas d'éprouver de l'empathie pour les victimes, ni de l'horreur pour un système complexe qui a produit la mort de masse. Elle restitue la dignité de l'homme pensant, dignité que le nazisme avait précisément bafouée en jouant sur les émotions produites notamment lors des rassemblements de masse, ou sur des sentiments, comme la haine.

L'ouvrage de Daniel Goldhagen a pulvérisé les critères universellement établis de l'écriture académique de l'histoire. En ce sens, il est le symptôme d'une crise actuelle de l'histoire du temps présent, qui se manifeste d'abord dans le domaine du génocide des Juifs, mais qui atteint aussi d'autres secteurs, comme l'histoire du communisme ou celle de la Résistance. Car la posture qu'adopte Daniel Goldhagen, posture acceptée par les universitaires américains qui lui ont décerné le titre de docteur, calque d'une façon étonnante celle de Gidéon Hausner.

Daniel Goldhagen l'annonce d'emblée. Il est hostile à « *la froide description clinique des opérations* », aux

---

1. Léon Poliakov, *L'Envers du destin. Entretiens avec Georges Elia Sarfati*, éditions de Fallois, Paris, 1989, p. 67.

« *descriptions aseptisées des massacres* » qu'il considère comme des fautes contre ce qu'il nomme « *la phéno-ménologie du massacre* ». L'expression est un concept philosophique. Elle désigne ici ce qu'ailleurs on appellerait simplement description. Ainsi, Gidéon Hausner a fait, sans le savoir, de la phénoméno-gie. Il y a ainsi, dans Goldhagen, constamment une dissonance entre la crudité du récit, la simplicité des énoncés et le badigeon théorique dont il les orne. Goldhagen veut éviter « *l'approche clinique et tente de reproduire l'horreur, le caractère abominable des événe-ments pour les bourreaux* » [1]. Et il précise : « *Du sang, des fragments d'os et de cerveau volaient en tous sens, atterrissant souvent sur les tueurs, souillant les visages et les vêtements. Les cris et les gémissements de ceux qui attendaient leur mort imminente ou qui se débattaient dans les affres de l'agonie résonnaient aux oreilles des Allemands. De telles scènes, et non les descriptions asepti-sées des massacres qu'on nous présente le plus souvent, étaient la réalité de bien des agents du génocide. Pour com-prendre leur monde phénoménologique, il nous faut for-mer en nous-mêmes toutes les abominables images qu'ils avaient sous leurs yeux, reconstituer tous les cris d'an-goisse et de douleur qui frappaient leurs oreilles* », commente Goldhagen. On ne peut s'empêcher de penser que l'auteur outrepasse ici la tâche dévolue à l'historien. Car ces images, ces cris, comment les forme-t-il dans son esprit ? Quel paysage mental

---

1. Souligné par l'auteur, Daniel Jonah Goldhagen, *Les Bour-reaux volontaires de Hitler. Les Allemands ordinaires et l'Holocauste*, traduit de l'américain par Pierre Martens, Paris, Seuil, 1997 pour la traduction française, p. 31.

a-t-il à sa disposition, dans quel stock d'images ou de sons peut-il puiser pour nourrir ses descriptions, puisqu'il n'y était pas, sinon celui qu'il s'est formé dans sa jeunesse aux États-Unis, c'est-à-dire les images stockées dans son imaginaire à partir des films, des émissions de télévision qui représentent la violence et qui l'ont probablement nourri ? Qui nous dit par exemple que les victimes criaient d'angoisse et de douleur ? L'angoisse ou la peur s'expriment-elles toujours par des cris ? Ne peut-elle parfois, pour reprendre le titre d'un roman d'Henri Raczymow, s'exprimer par *un cri sans voix* [1] ?

L'auteur nous livre ensuite la conception qui est la sienne de l'histoire : « *L'exposé de toute tuerie, voire d'une unique agonie, devrait être chargée de tous ces éléments descriptifs. Bien entendu, l'objectif n'est pas réalisable, parce que cela donnerait à toute étude de l'Holocauste une longueur excessive et rares seraient les lecteurs capables de poursuivre la lecture de ces comptes rendus épouvantables : cette incapacité même de continuer à lire en dit déjà long sur l'extraordinaire phénoménologie de l'existence des agents de l'Holocauste, et sur les puissantes motivations qui doivent avoir poussé ces Allemands à taire leurs émotions, pour pouvoir tuer et torturer les Juifs, y compris les enfants, comme ils l'ont fait* [2]. »

La conception de l'histoire qui est celle de Daniel Goldhagen est curieuse, et rappelle celle de Gidéon Hausner convoquant les témoins à la barre. C'est la juxtaposition de récits d'horreurs. L'histoire idéale

---

1. Gallimard, 1985.
2. Daniel Jonah Goldhagen, *op. cit.*, p. 31.

— irréalisable car elle serait tout à la fois insupportable et trop longue — serait le récit individualisé de six millions de meurtres. Outre que l'histoire du génocide dans la conception de Goldhagen — certains historiens l'ont justement remarqué — ne prend pas en compte la mort « industrielle », celle par gazage, dans des camions ou dans les chambres à gaz, là où le bourreau est éloigné de la victime et tue à distance, on est en droit de se demander quelle est la vertu heuristique d'une telle histoire, ou même tout simplement si cette absence de volonté de penser en termes généraux, ou en termes collectifs, n'est pas en vérité la négation même de l'histoire. Elle signerait précisément la mort de l'opération intellectuelle qui consiste à construire un récit et qui s'appelle précisément faire de l'Histoire. En lieu et place de ce récit qui tout à la fois établit les faits passés et tente de leur donner du sens s'installeraient d'autres récits, individuels, privilégiant l'horreur. Les historiens de la guerre de 14-18 pourraient ainsi nous conter les horreurs de la vie dans les tranchées de chaque combattant, ou les Chinois celles du massacre à la baïonnette par les envahisseurs japonais lors de la prise de Nankin. L'explication historique serait ainsi réduite à la plus simple expression, comme chez Daniel Goldhagen. « *Pour tuer un homme*, écrit-il, *il faut être motivé, car autrement on ne tuerait pas.* » Cette affirmation ne repose sur aucune démonstration et sa logique nous semble sommaire. On a beaucoup tué au cours des siècles, et nous ne sommes pas sûrs que, lors des guerres notamment, ceux qui tuaient obéissaient à une forte motivation. Mais surtout, la conception de l'histoire qui s'exprime chez Goldhagen prône la démission de la pensée et de l'intelligence au profit du sentiment et de l'émotion.

En outre, et cela rapproche encore Daniel Goldhagen de Gidéon Hausner, alors qu'il est censé s'intéresser aux bourreaux, c'est de fait au récit des victimes qu'il fait bien souvent appel. Car le récit des survivants est à même de faire apparaître la criminalité des bourreaux. La méthode de Goldhagen est particulièrement nette dans la partie qu'il consacre aux marches de la mort. Il nous décrit les souffrances des détenus mis sur les routes alors que le Reich est en pleine décomposition, dans un état d'épuisement total, maltraités, affamés, assassinés sans d'autres raisons, selon lui, que la volonté délibérée de tuer, et nous invite en quelque sorte à nous mettre à la place du bourreau. Place impossible. Aucun lecteur ne peut s'imaginer capable d'une telle cruauté. Sauf, bien entendu, à éprouver une jouissance perverse à la description de l'humiliation et de la mise à mort des victimes, jouissance qui n'est pas à exclure. Ainsi, de la même façon que le récit des témoins au procès Eichmann suffit à mettre en relief la culpabilité de ce dernier, les descriptions «phénoménologiques» de l'horreur suffiraient à établir que les Allemands ordinaires, mus par un antisémitisme séculaire que Goldhagen définit comme un antisémitisme «éliminationniste», ont été, comme l'indique le titre de l'ouvrage, les «bourreaux volontaires de Hitler». Là encore, Goldhagen est proche de Hausner qui suggérait qu'«*Eichmann n'était peut-être que l'innocent exécutant d'un dessein mystérieusement prédestiné, l'antisémitisme même »* [1].

Dernier point enfin, le ton adopté par Daniel Goldhagen est bien celui d'un procureur. Marc Bloch avait noté que l'historien a de tout temps été prêt à succomber à « *ce satanique ennemi de la véritable histoire : la manie du jugement* ». Pour lui, l'impératif catégorique de l'historien devait être de comprendre et expliquer et non de porter des jugements péremptoires. D'où l'injonction célèbre : « *Robespier- ristes, antirobespierristes, nous vous crions grâce : par pitié, dites-nous simplement quel fut Robespierre !* » En matière d'histoire du nazisme — et on pourrait ajouter aussi d'histoire du communisme —, il semble bien que l'injonction ait perdu de sa perti- nence, et que des historiens aient renoncé à la tâche difficile, ingrate et probablement vaine, mais qu'importe, de tenter de comprendre. D'autant que l'historien a travaillé et travaille constamment dans un air du temps judiciaire qui contamine la société tout entière. Le grand procès de Nuremberg avait permis la mise au jour d'une quantité impression- nante de documents. Dans ce sens, il avait servi les historiens. Les polémiques qui avaient suivi le pro- cès Eichmann avaient donné à la recherche histo- rique une impulsion décisive, sans que cet aspect majeur du procès, l'avènement de la figure du témoin, ait été alors perçu. L'ouvrage de Goldhagen appartient lui aussi à la postérité du procès Eichmann. Reste à se demander, avec Raul Hilberg, si cet ouvrage, où « *les mécanismes enchevêtrés* » sont

1. Hannah Arendt, *op. cit.*, p. 29.

remplacés « *par des pistolets, des fouets et des poings* », et nous pourrions ajouter, par la monstration des souffrances des victimes, constitue une « *manifestation éphémère* » ou « *s'il pèse sur l'horizon de la recherche* » [1], dans une époque où, d'une façon globale, le récit individuel et l'opinion personnelle tiennent souvent lieu d'analyse.

1. Raul Hilberg, « Le phénomène Goldhagen », *Les Temps modernes,* n° 592, février-mars 1997, p. 10.

III

L'ÈRE DU TÉMOIN

A la fin des années soixante-dix s'amorce le temps de la collecte systématique de témoignages audiovisuels. Le contexte global a changé. Le génocide des Juifs est désormais fortement présent dans la vie politique, que ce soit en France, en Israël ou aux États-Unis. Mais les sociétés occidentales ont aussi changé, et ces changements ne peuvent qu'affecter la nature même du témoignage. Des collections se multiplient pour les accueillir. Dans un article du *Monde*, Frédéric Gaussen notait : « *Raconter sa vie est une satisfaction qu'on se refuse difficilement. C'est la preuve qu'on a bien existé et qu'un interlocuteur est là, prêt à s'intéresser à vous. Les grands hommes — et aussi les moins grands — ont toujours brûlé de s'adresser au reste des mortels en écrivant leurs mémoires. Les autres, les gens ordinaires, se satisfaisaient du public plus restreint de la veillée familiale ou du comptoir de bistrot.*

« *Mais maintenant, cette relativité des destins individuels n'est plus de mise. L'idée s'est imposée que toutes les vies se valent et sont bonnes à raconter* [1]. » C'est, dans les

1. Frédéric Gaussen, « Le goût pour les récits de vie », *Le Monde*, 14 février 1982.

années soixante-dix et au début des années quatre-vingt, l'extraordinaire engouement pour les « récits de vie » — pêcheur breton, institutrice à la retraite — à portée ethnologique. C'est en quelque sorte une démocratisation des acteurs de l'histoire, qui veut que l'on donne désormais la parole aux exclus, aux sans-grade, aux sans-voix. Dans le contexte des années post-soixante-huit, c'était aussi un acte politique : Mai 68 avait été une gigantesque prise de parole ; l'après-Mai 68 devait inscrire ce phénomène dans les sciences humaines, certes, mais aussi dans les médias — radio ou télévision —, sollicitant de plus en plus l'homme de la rue.

Mais les années soixante-dix sont aussi celles où les états d'âme et les difficultés psychologiques s'exposent désormais publiquement, par le biais de la radio d'abord, puis de la télévision. Au début des années quatre-vingt-dix, apparût en France, sur le modèle américain, une nouvelle forme de spectacle télévisé fondé sur la parole de gens ordinaires. Cette irruption de l'expérience profane et du témoignage privé dans l'espace public constitue la marque de ce que la sociologue Dominique Mehl nomme la télévision de l'intimité. C'est aussi dans ces années soixante-dix le triomphe de l'idéologie des droits de l'homme : chaque société, chaque période historique se mesure à l'aune de son respect. L'homme-individu est ainsi placé au cœur de la société et rétrospectivement de l'histoire. Il devient publiquement, et lui seul, Histoire.

C'est à la fin des années soixante-dix, à la suite de l'émotion et des controverses qui suivent aux États-Unis, comme en France et en Allemagne, la diffusion du feuilleton télévisé *Holocauste* qu'apparaît pour la première fois l'idée qu'il faut recueillir sous forme de films vidéo les témoignages de ceux que les Américains nomment désormais les *survivors*, les survivants, qu'ils définissent comme tous les Juifs qui vécurent sous la domination nazie, dans le IIIe Reich ou dans les pays que l'Allemagne nazie occupa, et qui échappèrent à la Solution finale. Définition large, on le voit, puisqu'elle déborde le cadre des victimes directes, celles qui furent internées dans les divers camps ou dans les ghettos pour s'appliquer à des personnes qui, certes, furent menacées dans leur vie même, mais ne souffrirent pas nécessairement directement dans leur chair.

Le feuilleton télévisé *Holocauste* fut aux États-Unis d'abord un prodigieux succès : 120 millions de téléspectateurs, quasiment toute l'Amérique. Il suscita ensuite en Allemagne une émotion profonde. Un critique nota : « *L'Allemagne a été enrichie d'un mot américain nouveau : " holocauste ", qui désigne tout à la fois le génocide des Juifs, le feuilleton télévisé et les tragédies individuelles qu'il incarne, et les réactions émotionnelles et politiques qu'il a induites* [1]. » La télévision française rechigna d'abord à acheter le feuilleton et à le programmer. La série serait trop chère. Avec le film d'Alain Resnais, *Nuit et Brouillard*, la France avait

---

1. Cité *in* Ilan Avisar, *Screening the Holocaust. Cinema's Images of the Unimaginable*, Indiana University Press, Bloomington et Indianapolis, 1988, p. 130.

fait mieux. Claude Lanzmann avait en préparation un film et il convenait d'attendre qu'il fût terminé. Antenne 2 se résolut à acheter les droits en novembre 1978 et à programmer le feuilleton en février 1979, faisant suivre la diffusion du dernier épisode par un débat dans le cadre de l'émission « Les dossiers de l'écran » sur le thème : « Vie et mort dans les camps nazis ». L'émotion fut grande, comme aux États-Unis et en Allemagne, assortie de polémiques multiformes qui durèrent des mois.

Le réalisateur Marvin Chomsky, dont le feuilleton *Racines* avait déjà obtenu un prodigieux succès, mais à qui on devait aussi *Colombo* et *Mannix*, avait bâti le scénario de ce feuilleton de quatre épisodes de deux heures chacun à partir d'un roman de Gerald Green. Le feuilleton croisait le destin de deux familles allemandes, l'une gagnée au nazisme, l'autre juive, la famille Weiss, censée incarner le destin du judaïsme allemand. Cette famille de la moyenne bourgeoisie, l'auteur l'avait voulue typique : un père médecin de quartier, une mère femme au foyer, deux enfants. Le feuilleton peignait l'effondrement de tout le système de valeurs de cette famille, dont les parents ne trouvèrent d'autre solution que de se donner la mort. Seul le fils Rudi survécut, en allant se battre chez les partisans, puis en partant pour la Palestine.

Les critiques du feuilleton furent identiques aux États-Unis, en France ou en Allemagne. Il fut accusé d'être « romancé », « hollywoodien ». Les situations mises en scène par le feuilleton étaient celles, classiques, des films hollywoodiens : la séparation forcée entre les amants, la mort de l'ami proche ou d'un membre de la famille, la corruption sociale... Ce qui caractérisait l'histoire de la persécution des Juifs : l'angoisse insupportable, la souffrance, la faim, la mort de masse..., n'y apparaissait guère.

Mais surtout, alors qu'un grand nombre de survivants reconnaîtront dans le film de Steven Spielberg, *La Liste de Schindler*, leur histoire, qu'ils le soutiendront contre toutes les critiques des intellectuels, ce furent certains survivants eux-mêmes qui exprimèrent les critiques les plus virulentes à l'égard du feuilleton *Holocauste*. La première de ces critiques fut celle d'Élie Wiesel dans le *Times*. Elle est sévère. « *Faux, offensant, bon marché : en tant que production destinée à la télévision, ce film est une insulte à ceux qui ont péri et à ceux qui ont survécu. En dépit de son nom, ce " docu-drama " ne présente pas l'holocauste dont nous nous souvenons [...]. Il transforme un événement ontologique en opéra kitsch. [...] Le témoin se sent obligé de dire : ce que vous avez vu sur l'écran n'est pas ce qui est arrivé là-bas* [1]. » Impression analogue chez Charlotte Delbo qui, comme Marie-Claude Vaillant-Couturier, fit partie du seul convoi de femmes résistantes dirigé sur Auschwitz : « *Quand je me suis assise devant l'écran, j'avais la gorge nouée. Je redoutais une émotion incontrôlable au rappel de ce qui, d'après les articles que j'avais lus, serait certainement insoutenable. Non, cela ne me touchait pas [et] ne croyez pas que je sois endurcie parce que je suis une revenante d'Auschwitz* [2]. » Quant à Simone

---

1. Élie Wiesel reproduit son compte rendu du feuilleton *Holocauste* dans le deuxième tome de ses Mémoires, ... *Et la mer n'est pas remplie*, Paris, Seuil, 1996, pp. 161-165.

2. Cité dans Henry Rousso, *Le Syndrome de Vichy de 1944 à nos jours*, deuxième édition, Seuil, 1990, p. 170.

Veil, elle récuse la vision que donne le feuilleton des rapports entre les internés, décrits comme attentifs les uns aux autres et solidaires. Un interné pouvait voler la couverture d'un mort, comme on le voit dans le téléfilm, mais il pouvait aussi, ce que l'on ne voit pas, voler celle d'un vivant, précise-t-elle [1].

Aux États-Unis, la réaction des survivants « ordinaires », ceux qui n'avaient pas écrit leur mémoire, qui ne jouissaient d'aucune notoriété, qui ne s'exprimaient alors ni dans les journaux ni à la télévision, fut identique. Ils se plaignirent : « *Tant de nous ont perdu leur vie, l'histoire de nos compagnons morts allait-elle aussi leur être volée ? Chaque rescapé pouvait raconter une histoire plus vraie et plus affreuse dans ses détails, plus authentique dans sa représentation* [2]. » Cette plainte multiforme mérite d'être examinée. Elle révèle d'abord une inquiétude d'une grande vigueur et qui n'est pas propre aux survivants du génocide : celle d'être dépossédé de son histoire par quelqu'un d'extérieur à l'expérience et qui prétend précisément la raconter. La famille Weiss ne peut prétendre représenter toutes les familles juives de l'Europe. La diversité des situations sociales, politiques et culturelles des Juifs en Europe dans les années trente est telle d'ailleurs qu'il serait vain de présenter un quelconque « type ». Mais le type choisi, celui de la petite-bourgeoisie juive de l'Europe occidentale largement

1. Jacques Walter, « Dispositifs télévisuels et identités médiatiques des survivants. "Vie et mort dans les camps nazis" », in *Cahier international sur le témoignage audiovisuel*, Bruxelles, 1998, p. 164.
2. Geoffrey Hartman, art. cité, p. 77.

assimilée, n'est pas le fait du hasard. Il est certainement plus facile au spectateur américain de s'identifier à ce type de personne qu'à un Juif polonais portant caftan et papillotes, père d'une nombreuse famille et s'exprimant en yiddish. Ce sont pourtant ces Juifs polonais qui furent nombreux, très nombreux, à périr dans le génocide dont ils constituent la grande majorité des victimes. Mais cette dépossession ne s'applique pas à la seule histoire des survivants. Leur plainte concerne tout autant l'histoire de ceux qui n'ont pas survécu et à qui *Holocauste* volerait leur histoire alors qu'ils ne sont plus là pour la raconter. Or parmi les *topoi* des témoignages, écrits ou oraux, figure la promesse faite à l'ami ou au parent qui va mourir de raconter au monde ce qui lui est arrivé, et ainsi de le sauver de l'oubli, de rendre la mort un peu moins vaine. La survie elle-même est souvent expliquée et justifiée par cette seule volonté d'honorer le testament de ceux qui ont péri. Enfin, dernier argument avancé par ceux des survivants qui récusent le feuilleton : leur histoire présenterait une plus grande authenticité, authenticité qui se manifesterait notamment par davantage d'horreurs. On retrouve ici les raisons avancées par les candidats au témoignage lors du procès Eichmann.

Une des conséquences aux États-Unis de la projection à la télévision du feuilleton *Holocauste* fut donc de déclencher chez les survivants, comme l'avait fait en Israël le procès Eichmann, un désir ardent, et bien souvent nouveau, de raconter. Geoffrey Hartman, professeur de littérature comparée à l'université de Yale, responsable scientifique des premières archives vidéo de l'Holocauste, fait remarquer que les survivants expriment ce désir de témoigner à un moment précis de leur existence. A la fin des années soixante-dix, ces hommes et ces femmes sont désormais bien installés aux États-Unis. Ils ont fondé des familles et leurs propres enfants deviennent à leur tour parents. La chaîne des générations doublement brisée par le génocide et par l'émigration est ainsi en voie de reconstitution. Les survivants n'ont plus de réticence à ce que leur passé soit connu et à « *transmettre leur expérience comme un legs* ». Au contraire. Une mutation s'est accomplie, qui s'était amorcée avec le procès Eichmann, et le survivant, dont on fuyait le récit dans les années d'après guerre, est devenu une personne respectable et respectée dans son identité même de survivant. Alvin Rosenfeld crédite Élie Wiesel de cette transformation. Il a probablement raison. Élie Wiesel est certainement le premier à mettre en mots l'idée qu'il n'y a pas de honte, ni collective, ni individuelle, à avoir été victime de l'Holocauste. Lors d'un débat tenu à New York en 1967, Élie Wiesel déclare : « *Pourquoi [...] est-il admis que nous pensions à l'Holocauste avec honte ? Pourquoi ne le revendiquons-nous pas comme un chapitre glorieux de notre histoire éternelle ? Après tout, il a changé l'homme et le monde — enfin, il n'a pas changé l'homme mais il a changé le monde. C'est encore le plus grand événement de notre temps. Pourquoi alors en sommes-nous honteux ? Il a même eu le pouvoir d'influencer le langage. Les quartiers noirs sont appelés ghettos ; Hiroshima est expliqué par Auschwitz ; le Viêt-nam est décrit par des termes qui furent utilisés il y a une génération. Aujourd'hui, tout tourne autour de l'expérience de l'Holocauste. Pourquoi alors y faisons-nous face avec une telle ambiguïté ? Peut-être que cela devrait être la tâche des éducateurs et des philosophes juifs ; de rouvrir l'événement comme une source de fierté, de le reprendre dans notre histoire. »* Et encore : *« J'ai déjà mentionné la fierté : je crois en la nécessité de restaurer la fierté juive, même en relation à l'Holocauste. Je n'aime pas penser au Juif comme souffrant. Je préfère y penser comme quelqu'un qui peut vaincre la souffrance — la sienne propre et celle des autres. Car la sienne a une dimension messianique : il peut sauver le monde d'un nouvel Auschwitz. Comme le dirait Camus : on doit créer le bonheur pour protester contre un univers de malheur. Mais — on doit le créer. Et nous le créons. Nous le créions. Les Juifs se mariaient, célébraient des mariages, avaient des enfants à l'intérieur des murs du ghetto. Leur foi absurde en leur avenir inexistant était, malgré tout,* af al pi chen, *une affirmation de l'esprit. Donc, la fierté leur appartient ; elle n'est pas nôtre. Pas encore*[1]. » Deux décennies après ces déclarations d'Élie Wiesel, la mutation est accomplie. *« Ces hommes et ces femmes,* écrit Léon Uris, l'auteur des romans à succès *Exodus* et *Mila 18*, en parlant des survivants, *doivent être regardés avec admiration par chacun*[2]. » Et désormais ils le sont.

Le contexte politique américain lui aussi a changé. En 1973, pour la première fois, les grandes

---

1. Cité in Jean-Michel Chaumont, *La Concurrence des victimes. Génocide, identité, reconnaissance*, Paris, éditions La Découverte, 1997, pp. 113-114.
2. Cité *in* Alvin Rosenfeld, *Thinking about the Holocaust after a Century*, édité par A.H. Rosenfeld, Bloomington et Indianapolis, Indiana University Press, 1997, p. 137.

organisations juives américaines inscrivent dans leurs programmes la nécessité de garder la mémoire de la Shoah. Les publications, les programmes d'études dans les universités se multiplient. Alors qu'il n'existait en 1962 qu'un seul cours sur l'Holocauste, à l'université Brandeis, ces enseignements commencent à se multiplier. En 1995, plus de cent institutions sont consacrées à l'étude de l'Holocauste. C'est d'abord un effet, aux États-Unis comme en France ou en Israël, de la guerre des Six-Jours. Pendant la période d'attente qui avait précédé la victoire israélienne, l'angoisse avait saisi la population de l'État hébreu. Cette angoisse avait été vécue sur le mode « génocidaire » et avec une intensité presque identique par les Juifs des États-Unis comme de France. On craint aussi la destruction de l'État d'Israël, rappel d'une autre destruction. Raymond Aron, pourtant peu enclin aux épanchements intimes, écrit le 4 juin, à la veille de la guerre : « *Monte en nous un sentiment irrésistible de solidarité. Peu importe d'où il vient. Si les grandes puissances, selon le calcul froid de leurs intérêts, laissent détruire le petit État d'Israël qui n'est pas le mien, ce crime, modeste à l'échelle du monde, m'enlèverait la force de vivre et je crois que des millions d'hommes auraient honte de l'humanité.* » Et quelques mois plus tard, il précise : « *[...] Je sais aussi, plus clairement qu'hier, que l'éventualité même de la destruction de l'État d'Israël [qu'accompagnerait le massacre d'une partie de la population] me blesse jusqu'au fond de l'âme*[1]. » Cette

1. Raymond Aron, *De Gaulle, Israël et les Juifs*, Paris, Plon, 1968.

destruction éventuelle, Raymond Aron la nomme « Étatcide ».

Raymond Aron n'est pas le seul à ressentir l'angoisse d'une nouvelle et éventuelle destruction, comme il est loin d'être le seul à prendre conscience de la force du sentiment d'appartenance qui l'habite. L'ensemble des Juifs de France, quelle que soit leur implication dans les institutions communautaires, ressent les choses de façon identique. Ainsi Richard Marienstras explique lors d'une table ronde organisée par la revue *Esprit* : « *[...] la solidarité qui s'est manifestée [à l'égard de l'État hébreu] — se révélant parfois à elle-même — ne tendait pas à défendre une forme de gouvernement ni une politique particulière. Elle s'est manifestée de façon si vive parce que tous ont eu le sentiment qu'à travers un corps politique et un gouvernement, ce qui était menacé, c'est l'existence même d'une communauté originale qui s'était constituée en État pour se maintenir en vie et perpétuer ou approfondir sa culture. Nous avons tous senti que la menace pesant sur Israël n'était pas une menace politique [...] mais une menace ontologique, qui visait l'être physique et culturel d'Israël, qui visait la destruction des habitants, de l'État, de la collectivité. Bref, ce que l'on craignait, c'était un génocide culturel et un génocide tout court*[1] ». Et Wladimir Rabi parle de « *l'impossibilité de concevoir un second Auschwitz au cours de la même génération* »[2].

1. Table ronde : « Les Juifs de France ont-ils changé ? », *Esprit*, avril 1968, pp. 581-582. La table ronde, présidée par Jean-Marie Domenach, réunissait, outre Richard Marienstras, Pierre Vidal-Naquet, Rabi, Paul Thibaud et Alex Derczansky.
   2. *Idem*, p. 583.

Pourtant, la guerre des Six-Jours, puis celle de 1973 ont aussi un autre effet, paradoxal celui-là, pour les Juifs américains. Le sionisme, qui était devenu dans les années de guerre et depuis un puissant ciment et le vecteur identitaire pour ceux d'entre eux qui ne sont pas religieux, devient plus problématique, plus conflictuel. Israël n'est plus une utopie, mais est devenu un pays réel qui occupe des territoires qu'il a précisément conquis lors de cette guerre des Six-Jours. Avec l'intervention d'Israël au Liban et l'Intifada, l'unanimité du monde juif à l'égard d'Israël se fissure. Le temps de l'Union sacrée autour de l'État hébreu est révolue. Le cœur de l'identité juive glisse imperceptiblement du soutien absolu et de l'identification à Israël à la reviviscence du souvenir du génocide. Sur le plan politique, l'intervention de Jimmy Carter est décisive. Quand le président des États-Unis déclare la nécessité d'œuvrer à l'établissement d'un État palestinien et demande à Israël de revenir aux frontières qui étaient les siennes avant la guerre des Six-Jours, il suscite une crise dans ses relations avec la communauté juive américaine, une communauté qui, depuis Roosevelt, soutient fermement les démocrates. Comment se les concilier à nouveau dans la perspective d'une réélection ?

En 1977, les États-Unis mettent sur pied un organisme chargé de dépister les criminels de guerre nazis légalement entrés dans le pays dans les années qui ont suivi la capitulation allemande. Certains d'entre eux ont travaillé ensuite pour l'administration américaine. D'autre part, un mois après la diffusion du feuilleton *Holocauste*, prenant acte de

l'émotion qu'il suscita, le jour où est célébré le tren-
tième anniversaire de la création de l'État d'Israël,
le président Carter annonce la création d'une
commission présidentielle de l'Holocauste dont la
présidence est offerte à Élie Wiesel qui incarne aux
États-Unis la figure du survivant. C'est un geste décisif
qui doit lui concilier les Juifs dans la perspective des
prochaines élections présidentielles. Le 7 octobre
1980, une loi institue un Conseil du Mémorial américain de l'Holocauste qui devra œuvrer au projet
d'un mémorial national. L'idée est venue des
conseillers du président. Jimmy Carter ne répond ici
à aucune pression des organisations juives. C'est la
première intervention politique d'envergure dans ce
qui jusqu'alors relevait du domaine privé. Dès lors,
la mémoire du génocide, déjà à l'ordre du jour des
organisations juives, devient aussi un thème pour
les hommes politiques.

Ainsi, le feuilleton *Holocauste* est-il un puissant
révélateur d'un paysage mémoriel en train de se
modifier où se combinent divers éléments : la modification de l'image du survivant, la mutation de
l'identité juive, les usages politiques du génocide.
C'est aussi, en France du moins, l'apparition à la
télévision du survivant à qui est dévolue la fonction
d'authentification du feuilleton qui est présenté.
Jacques Walter note que, jusqu'en 1976, il n'y avait
eu à la télévision que six émissions sur le génocide,
et surtout, que la présence des témoins et survivants
était « *plutôt rare* ». Les séquences du journal télévisé
consacrées au feuilleton *Holocauste* ne font pas
exception à cette règle, puisqu'elles traitent de sa
réception en Allemagne, de la dimension pédago-

gique de sa diffusion. Les survivants n'apparaissent que lors du débat, dans une relation pédagogique puisqu'ils sont censés dialoguer avec « les jeunes ». Le dispositif scénique souligne d'ailleurs cette ambition : jeunes et anciens déportés sont assis de part et d'autre d'une table de salon [1].

A New Haven, une ville du Massachusetts, où se trouve la prestigieuse université Yale, certains prennent conscience lors de la projection du feuilleton qu'ils ignoraient pratiquement tout des rescapés de la Shoah, leurs voisins pourtant. Parmi eux, Dori Laub, psychanalyste, qui vécut enfant la guerre en Roumanie et survécut. Ils décident alors de mettre sur pied un « Projet cinématographique sur les survivants de l'Holocauste », aidés par le Farband, une amicale de survivants de la ville. Quand, en 1982, l'université Yale offrit son aide, et que les archives vidéo des témoignages sur l'Holocauste à Yale ouvrirent leurs portes, le « Projet » comptait déjà quelque 200 témoignages. En 1995, les *Fortunoff*[2] *Video Archives for Holocaust Testimonies* avaient rassemblé environ 3 600 témoignages, près de 10 000 heures d'interviews recueillies aux quatre coins des États-Unis, mais aussi en Grèce, Bolivie, Slovaquie,

1. Jacques Walter, art. cité, p. 13.
2. Nommées ainsi du nom d'Alain Fortunoff qui fit en 1987 un don qui permit aux archives d'obtenir un poste de conservateur et de s'installer dans les locaux de la prestigieuse Yale Sterling Memorial Library.

France, Belgique, Allemagne, Israël, Argentine, Serbie, Pologne, Biélorussie et Ukraine [1].

Pourquoi un tel projet, coûteux en énergie, en temps et surtout en argent puisque les archives vidéo de Yale ont décidé que la qualité de leurs films devait être professionnelle ? Au départ, explique Geoffrey Hartman, le souci des survivants : « *Le devoir d'écouter et de rétablir un dialogue avec des personnes qui ont été si marquées par leur expérience que l'intégration totale dans la vie de tous les jours n'est qu'une apparence, bien que cette apparence soit indispensable et réconfortante.* » Ainsi, d'emblée est dévolue au témoignage une fonction qu'il est bien difficile de définir (thérapeutique sociale, puisqu'elle consisterait à restaurer un lien qui aurait été brisé ?), fonction qui, par rapport aux finalités assignées au témoignage que nous avons déjà analysées, est nouvelle : permettre au survivant de prendre la parole. Le psychiatre et psychanalyste Dori Laub, un des initiateurs du projet, qui a contribué à élaborer la procédure de formation de ceux qui procèdent aux entretiens et qui a aussi, pour l'essentiel, assurer leur formation, affirme : « *Le mensonge est toxique et le silence étouffe. Chaque survivant a un besoin impérieux de dire son histoire pour parvenir à en réunir les morceaux ; besoin de se délivrer des fantômes du passé, besoin*

1. Sur l'état des archives Fortunoff, voir le texte de Joanne Rudof *in*, sous la direction de Maurice Cling et Yannis Thanassekos, *Ces visages qui nous parlent*, Actes de la rencontre audiovisuelle internationale sur le témoignage des survivants des camps de concentration et d'extermination nazis, Bruxelles-Paris, Fondation Auschwitz et Fondation pour la mémoire de la déportation, 1995, pp. 67-70.

de connaître sa vérité enterrée pour pouvoir retrouver le cours de sa vie. C'est une erreur de croire que le silence favorise la paix. Il ne fait que perpétuer la tyrannie des événements passés, favoriser leur déformation et les laisser contaminer par la vie quotidienne », et il poursuit en insistant sur le fait que parler ne doit se faire que si l'on est écouté : « *Le récit non écouté est un traumatisme aussi grave que l'épreuve initiale* [1]. »

Le dispositif de recueil de la parole, qui s'est élaboré peu à peu à Yale, est intimement lié à cet objectif premier : faire naître une parole et permettre son écoute. L'entretien se déroule en studio, c'est-à-dire dans un lieu tout à la fois clos et isolé de l'environnement normal de la personne interviewée que rien ne doit distraire de la plongée en elle-même à laquelle elle est invitée. L'interviewer, dont la formation a été le plus souvent assurée par un psychanalyste et à qui ont été enseignés des rudiments de l'histoire du génocide, ne dispose pas de grille préétablie. Ses interventions sont destinées à préciser un point du récit, ou à aider le témoin quand il souffre à évoquer des épisodes particulièrement pénibles. Il ne doit ni commenter ni rectifier le récit. L'expression de l'émotion est ainsi encouragée, sinon suscitée. Au départ du moins, le projet de Yale n'est donc qu'un projet local, de proximité pourrait-on dire, centré sur la personne même des survivants, vis-à-vis de laquelle l'équipe des archives de Yale manifestera toujours le plus grand respect, et sur leur lien social avec leur environnement.

1. Cité *in* Annick Cojean, « Les voix de l'indicible », *Le Monde*, 25 avril 1995.

Se crée ainsi entre l'interviewer et le témoin ce que Geoffrey Hartman appelle un « pacte testimonial ». Se créent aussi de petites communautés rassemblant survivants interviewers, enseignants intéressés par le matériel rassemblé [1].

Aujourd'hui, les archives vidéo de Yale sont loin d'être isolées. Divers musées, mémoriaux, associations de souvenir ont mis sur pied leurs propres projets. Mais c'est surtout l'apparition de la *Survivors of the Shoah Visual History Foundation* établie par Steven Spielberg qui, en 1994, change l'échelle de la collecte. Jacques Walter résume ainsi la façon dont le projet fut élaboré, selon les écrits mêmes de ses initiateurs. En 1994, alors qu'il tournait en Pologne *La Liste de Schindler*, Spielberg aurait été bouleversé par les récits des survivants qui lui servaient de conseillers et qui lui donnèrent leur accord pour raconter leur histoire devant une caméra. Dans une interview au quotidien *Libération*, Spielberg expliquait qu'il voulait « *conserver l'histoire telle qu'elle nous aura été transmise par ceux qui l'ont vécue et qui ont réussi à survivre ; il est essentiel*, poursuivait-il, *que nous voyions leurs visages, entendions leurs voix et comprenions que ce sont des gens ordinaires comme nous, qui ont subi les atrocités de la Shoah* » [2]. Ainsi, le projet de constituer des archives de témoignages de survivants naît du tournage d'un film. L'analogie avec

1. Sur tous ces points voir « Learning from survivors : **The** Yale testimony Project » in *The longest shadow : in the aftermath of the Holocaust*, Bloomington, Indianapolis, Indiana University Press, 1996, pp. 133-150.
2. *Libération*, 20 avril 1995.

l'origine des archives de Yale, nées elles aussi de l'existence d'un film, est troublante. Les deux films de fiction traitant du génocide dont les spectateurs se comptèrent par dizaines, voire centaines de millions dans le monde entier sont aussi ceux qui furent à l'origine des deux plus importantes collectes de témoignages. Pourtant, alors que les survivants témoignèrent en opposition avec le feuilleton *Holocauste*, pour faire entendre une autre voix, on peut dire qu'ils témoignèrent en symbiose avec *La Liste de Schindler*, en complément, et non en opposition. La différence ne s'arrête pas là. L'accent, chez Spielberg, est différent de celui des initiateurs de Yale. La personne du survivant n'est plus au centre de la démarche. Il y a été remplacé par un concept, celui de transmission. Alors que les initiateurs de Yale insistaient sur le sentiment des survivants d'avoir vécu sur une « autre planète », comme le disait KaZetnik au procès Eichmann, sur leur souffrance due au sentiment d'être à jamais isolés du monde et des leurs par une expérience extrême, le projet de Spielberg se trouve au contraire centré sur la volonté de montrer des « gens ordinaires », des gens comme vous et moi, qui ont survécu au naufrage de la guerre.

Très vite, à la différence du projet de Yale à caractère artisanal, le projet Spielberg prit une dimension « industrielle » [1]. Il fallait dans les délais les plus brefs, compte tenu de l'âge des survivants, interviewer tous les survivants interviewables : quelque

1. Jacques Walter, « Les archives de l'histoire audiovisuelle des survivants de la Shoah », texte inédit.

300 000 (50 000 fin 1997 ; 150 000 d'ici l'an 2000) et procéder à ces interviews partout où ils se trouvaient. Des équipes furent constituées dans les divers pays où habitent des survivants, qui devaient travailler cinq jours par semaine au rythme de quatre interviews par jour. En 1995, la fondation Spielberg avait déjà recueilli aux États-Unis, en Afrique du Sud, en Israël, en Europe... près de 20 000 témoignages dont 1 300 pour la France. Le rendement est pour elle chose importante, puisque le site Internet de la fondation donne chaque jour le nombre total de témoignages recueillis : 42 274 le 18 avril 1998, et le nombre d'interviews réalisées dans la semaine qui vient de se terminer : 198 pour la semaine du 11 avril 1998 [1]. Le 12 janvier 1998, Michael Berenbaum, président de la fondation Spielberg, faisait le point sur l'état des archives : « *Si quelqu'un voulait visionner tout le matériel que nous avons recueilli, il faudrait qu'il y passe neuf années et demie, en regardant les cassettes vingt-quatre heures sur vingt-quatre. Nous avons presque 39 000 interviews dans trente langues différentes. Comme les récits des survivants portent pour 20 % sur leur vie quotidienne avant l'Holocauste et pour 15 % sur leur vie après la guerre, nous avons construit, pour la première fois, un tableau exhaustif de la vie des communautés juives au XXᵉ siècle. C'est aussi la première fois que l'histoire d'un événement est racontée par les gens qui l'ont vécu. D'habitude, l'histoire s'appuie sur des documents et des récits des leaders* [2]. »

1. Adresse du site Internet : www.vhf.org.
2. *Libération*, 12 janvier 1998.

Ces affirmations de Michael Berenbaum ne peuvent que troubler l'historien le mieux disposé à l'égard de la collecte des témoignages. Car la prétention de Spielberg est bien — le nom de sa fondation, *Visual History Fondation*, l'indique — l'histoire de la Shoah. Aux États-Unis déjà, elle propose aux enseignants du secondaire un matériel pédagogique. Or, les 20 % des quelque 39 000 récits de vie recueillis par la fondation Spielberg ne forment aucun « tableau exhaustif de la vie des communautés juives au XXe siècle ». Ils ne sont, en l'état des choses, que 39 000 évocations juxtaposées de ce dont les survivants se souviennent de leur communauté d'origine alors que, pour la majorité d'entre elles, elles ont été rayées de la carte. L'historien qui consentirait à regarder pendant quelque deux années de sa vie, jour et nuit, ces évocations, pourrait à la rigueur faire le tableau de la mémoire chez les survivants des communautés détruites cinquante ans après leur destruction, mais en aucun cas leur histoire. Avec I. Niborski, nous avions déjà fait ce constat en étudiant l'image donnée des communautés perdues dans les livres du souvenir. Nous avions alors constaté que « *les livres parus avant la guerre, les monographies consacrées aux villes de Pinsk ou de Vilna exprimaient, à travers le choix des textes retenus, le désir de proposer une synthèse de la vie juive en se plaçant dans une problématique du devenir de la* yiddishkeit *en Pologne ou dans l'émigration ; les* livres du souvenir *n'ont aucune visée analytique ou synthétique. Les acteurs de la société juive qui s'affrontaient ou s'ignoraient superbement, assimilé ou orthodoxe, bundiste ou communiste, patron ou ouvrier, sont ici simplement rassemblés comme ils ont été rassemblés dans la mort »* [1].

La fondation Spielberg a bénéficié de l'expérience de Yale dont d'ailleurs elle se réclame, y trouvant sans doute une légitimité « scientifique ». Elle n'en a pas moins modifié de façon substantielle la technique de l'interview et, ainsi, le sens même du projet. L'interviewer est un volontaire qui a rempli un questionnaire destiné à apprécier ses connaissances sur la Shoah et ses compétences en général. Sa candidature retenue, il fait un stage de trois jours, où alternent exposés d'histoire, de psychologie, critiques de témoignages... A l'issue de ce stage, il est déclaré apte à interviewer. La fondation, qui aime les chiffres, fait état de 8 500 candidatures au rôle d'interviewers, de 4 500 personnes ayant pris part aux sessions de formation et de 2 400 qui, finalement, ont conduit les interviews.

Le témoignage, tel qu'il est conçu chez Spielberg, doit être calibré. Sa durée est en principe fixée à deux heures, et il doit être consacré pour 60 % à la période de la guerre, 20 % pour les deux périodes qui l'encadrent, l'avant et l'après. Mais surtout, et c'est l'innovation principale par rapport aux entretiens recueillis par Yale, le survivant doit, à la fin de l'entretien, et comme dans certaines émissions de radio, délivrer un message correspondant à « *ce qu'il souhaiterait laisser en héritage pour les générations à venir* ». La famille du survivant (conjoint, enfants et petits-enfants, est-il précisé), exclue de l'espace de

1. A. Wieviorka et I. Niborski, *Les Livres du souvenir, op. cit.*, p. 172.

l'interview qui a lieu en principe à son domicile, sauf si le témoin s'y oppose, est invitée à le rejoindre à la fin de l'entretien. C'est en quelque sorte l'équivalent de l'épilogue de *La Liste de Schindler*. On se souvient que le film passait alors du noir et blanc à la couleur et qu'on voyait défiler devant la tombe d'Oskar Schindler, au cimetière du mont des Oliviers à Jérusalem, les rescapés de la Liste en chair et en os, « doublés » des acteurs qui avaient joué leur rôle tandis qu'était énoncé le chiffre de leur descendance. *La Liste de Schindler* avait donc un *happy end*. Un seul Juste parmi les Nations avait suffi à annuler la Destruction. De la même façon, les survivants interviewés montrent leur vie heureuse après tant d'épreuves. Le message est optimiste : la famille reconstituée grâce à la descendance est la preuve vivante de l'échec des nazis à exterminer un peuple. Ce message montre bien la nature réelle de ces interviews : il ne s'agit pas en vérité de constituer des archives orales de la Shoah, mais des archives de la survie.

Or, nous l'avons déjà noté, les interviews par la vidéo sont onéreux. Si les interviewers et le *staff* des archives de Yale travaillent bénévolement, à l'exception d'une poignée de salariés qui œuvre à la conservation des vidéos, à leur catalogage, et d'une façon générale au fonctionnement des archives, le *staff* de Spielberg est nombreux : plus de 240 permanents, et ses interviewers sont rémunérés [1]. Contrairement à la croyance commune, ce ne sont pas les bénéfices de *La Liste de Schindler*, c'est-à-dire l'argent de Steven Spielberg, qui suffisent ou servent

1. Cinquante dollars par interview.

à financer le projet. Steven Spielberg a créé une fondation dont le budget — quelque 60 millions de dollars (environ 300 millions de francs) sur les trois ans qui viennent de s'écouler — est alimenté par Steven Spielberg, MCA-Universal, NBC, Wasserman Foundation, Time Warner. L'argent qui irrigue ainsi la fondation Spielberg a donc cessé d'aller à d'autres projets concernant la mémoire du génocide, les archives Fortunoff notamment. Alors que les interviews de Yale étaient largement non directives, que leur durée n'était pas limitée, celles menées par les équipes formées par Spielberg le sont selon un protocole commun à tous les pays. Les vidéos sont envoyées à Los Angeles, numérisées et indexées. A la pointe de la technologie, ces témoignages numérisés devraient être disponibles sur un serveur, et devant son écran, le jeune, dont la fondation Spielberg souhaite qu'il soit éduqué, pourra consulter, grâce à un index, les extraits de ces témoignages. Il pourra aussi consulter toutes sortes d'informations connexes : archives familiales du témoin, photos concernant les événements auxquels se réfèrent les témoins, carte indiquant le site du camp ou du ghetto dont il est question, etc. Nous sommes loin, on le voit, des écrits clandestins des ghettos, rédigés dans une langue abolie, confiés bien souvent à la terre et dont le cheminement jusqu'à nous fut si hasardeux et si difficile. Que sera le paysage testimonial quand ces nouvelles technologies seront — si elles le sont — généralisées ? Quelle vision aura de la Shoah une jeunesse née trois générations après l'événement ? Nul ne peut aujourd'hui le dire. Une seule chose semble certaine. Si Geoffrey Hartman déplorait les limites de l'histoire académique de la Shoah — trop cérébrale, trop froide —, et souhaitait, ce qui ne nous semble guère scandaleux car le récit historique n'a à prétendre à aucune hégémonie, que le discours des survivants sur la Shoah fût entendu, un discours dont il mettait en lumière les éminentes qualités littéraires, Michael Berenbaum et Steven Spielberg aspirent à tout autre chose : la substitution des témoignages, qui seraient la vraie histoire, à l'Histoire. C'est tout simplement à une révolution historiographique qu'ils nous convient, révolution rendue possible par la technologie moderne. L'histoire serait ainsi restituée à ses vrais auteurs, ceux à qui elle appartient : les acteurs et les témoins qui la racontent en direct, pour aujourd'hui et pour demain.

La banque de données de la fondation Spielberg ne comptait, en avril 1998, que 1 600 témoignages. Mais le catalogage est en cours. « *On prépare,* a expliqué Michael Berenbaum, *le matériel pour les enseignants qui* utilisent encore des livres *[c'est nous qui soulignons] mais qui dans cinq ans seront tous connectés aux réseaux informatiques. En Amérique en tout cas. Nous avons mis au point un nouveau système de catalogage numérique à partir de mots clés et nous allons produire des CD-Rom, des documentaires et aussi des livres* [1]. » A la révolution historiographique est couplée une révolution culturelle : l'abandon de l'écrit dans l'enseignement au profit des techniques « modernes ».

On aurait tort de ne voir que les aspects techniques du problème. La collecte de Spielberg s'inscrit

1. *Libération,* 12 janvier 1998.

dans un mouvement plus large que Michael Berenbaum baptise « l'américanisation de l'Holocauste ». L'expression est, dans son esprit, valorisante. Elle désigne la translation d'un événement du lieu où il s'est produit, l'Europe, aux États-Unis, et les modifications qu'elle entraîne. Il explique : « *L'Holocauste fait maintenant partie de la culture occidentale et, en Amérique, il représente l'expérience absolue. Les gens ne savent pas ce qu'est le bien et le mal, mais ils ont une certitude : l'Holocauste est le mal absolu. A la télévision,* La Liste de Schindler *a été vue par 65 millions de foyers. C'est l'audience la plus forte de l'histoire de la télévision américaine pour un programme non sportif de trois heures trente. Et c'est aussi la première fois depuis l'assassinat de John Fitzgerald Kennedy que nous avons trois heures et demie de télévision sans coupure publicitaire. La diffusion a d'ailleurs été sponsorisée par la Ford Motor Company, par le petit-fils de Henry Ford, qui était lui-même un antisémite notoire. Et sur les 10 millions de personnes qui ont déjà visité l'Holocaust Memorial, le nouveau musée de Washington, seules 20 % étaient juives. C'est pourquoi j'ai inventé le terme* d'américanisation *de l'Holocauste : on a pris un événement européen et on l'a intégré dans la culture américaine, la culture populaire. Cet événement est désormais compris différemment à Washington, Varsovie, Paris ou Jérusalem.*

« Les jeunes Noirs qui sortent du musée à Washington disent souvent : " On ne savait pas que les Juifs étaient black. *" J'ai mis très longtemps à comprendre que pour eux le visage de la souffrance était noir même si les victimes étaient blanches. Aux États-Unis, l'Holocauste est utilisé pour enseigner les valeurs traditionnelles américaines : rappeler tout d'abord que toute personne est créée*

*égale, qu'elle a des droits inaliénables, que l'État ne peut
lui retirer. Il est perçu comme l'expression extrême de ce
qui, de fait, est finalement ordinaire. Contrairement à la
définition d'Élie Wiesel, qui déclarait qu'il s'agissait d'un
monde à part, que l'Holocauste n'appartenait pas à notre
monde. Aux États-Unis, il sert maintenant d'exemple
pour justifier qu'on contrôle l'intervention de tout gouvernement. »*

C'est une extraordinaire déclaration qui n'est pas
isolée. Le concept d'« américanisation de l'Holocauste », que le lecteur français, imprégné de la
culture issue des temps de guerre froide où la civili-
sation américaine est volontiers diabolisée, peut lire
de façon péjorative, ne l'est en aucun cas dans la
bouche ou sous la plume de Michael Berenbaum. Il
décrit une réalité multiforme qui pourrait se résu-
mer dans le fait qu'aujourd'hui, ce sont bien les
États-Unis qui se trouvent au centre de l'Holocauste :
l'historiographie, après avoir été aussi allemande et
israélienne, est désormais principalement américaine ; le Mémorial de l'Holocauste de Washington
a entrepris une gigantesque opération de micro-
filmage de toutes les archives concernant le génocide
des Juifs de par le monde : celles des pays de l'ex-
bloc soviétique, jusqu'ici non accessibles, mais aussi
celles d'Europe occidentale déjà bien exploitées par
les historiens. Ainsi, les archives françaises, que ce
soient celles conservées dans des centres privés,
comme le Centre de documentation juive contemporaine, ou dans les archives publiques : Archives
nationales ou départementales, seront accessibles à
Washington. Il sera ainsi peut-être plus commode
de se déplacer aux États-Unis et d'avoir sous la main

l'ensemble des fonds d'archives que de procéder à
des tours de France ou d'Europe archivistiques. La loi
créant Yad Vashem, votée par la Knesset en 1953 à la
suite de violentes polémiques avec le Centre de documentation juive contemporaine qui venait de poser la
première pierre du premier mémorial aux morts de
la Shoah, mémorial qui se voulait mondial, affirmait
la centralité d'Israël dans la mémoire et dans la rédaction de l'histoire du génocide. Yad Vashem se voulait
seul à centraliser les noms des morts ; Yad Vashem
délivrait les autorisations d'érection de mémoriaux ;
Yad Vashem centralisait les archives... Il semble bien
que le contenu de cette loi soit désormais obsolète.
Les moyens dont dispose Yad Vashem semblent
dérisoires comparés aux moyens américains.

Mais « l'américanisation de l'Holocauste »[1] ne se
réduit pas à cette translation du ou des centres producteurs d'histoire et de mémoire. Elle produit aussi
sa propre vision de la Shoah, une vision largement
exportée par le biais notamment des films. Alvin
Rosenfeld pointe un paradoxe : les récentes
enquêtes visant à évaluer le savoir sur le génocide
des Juifs montrent que les Américains, comparés aux
Français, aux Anglais et aux Allemands, sont de très
loin les plus ignorants alors que c'est aux États-Unis,
en apparence du moins, que la présence de l'Holocauste est la plus prégnante. Un seul exemple : 21 %
seulement des Américains sont capables de recon-

1. C'est le titre choisi par Alvin H. Rosenfeld pour sa contri-
bution à l'ouvrage collectif qu'il a lui même dirigé : « The Americanization of the Holocaust », in *Thinking about the Holocaust
after half a century, op. cit.*, pp. 119-150.

naître que le ghetto de Varsovie a un lien avec l'Holocauste.

Alvin Rosenfeld note encore qu'aux États-Unis les crimes nazis sont perçus par la plupart des gens moins au travers des récits historiques que par les images individuelles et les récits produits par les écrivains populaires, les artistes, les producteurs de films... Et de rappeler le rôle du feuilleton *Holocauste* et de *La Liste de Schindler.* « *C'est une part de l'ethos américain*, écrit Rosenfeld, *de mettre l'accent sur la bonté, l'innocence, l'optimisme, la liberté, la diversité et l'égalité. C'est une part du même ethos que de minorer ou de dénier les côtés noirs ou brutaux de la vie et de les remplacer par l'accent sur le pouvoir salvateur de la conduite morale et des moyens collectifs de Rédemption. L'Américain préfère penser de façon positive et affirmative. La vision tragique est, ainsi, antithétique de la vision américaine du monde, qui veut que les hommes triomphent de l'adversité et ne ressassent pas leur peine*[1]. » Cette vision coïncide mal avec celle que l'historien se forme quand il étudie le génocide des Juifs.

Aux États-Unis comme ailleurs, le génocide est absent de la vie politique, nous l'avons déjà noté, mais aussi culturelle jusqu'au début des années soixante. Parmi les quelque cinq cents films produits par Hollywood, « *il est frappant de voir comme toute présentation explicite de la catastrophe juive durant ces années est évitée* »[2]. C'est en 1959 seulement que Hollywood, en filmant le *Journal d'Anne Frank*, rompt avec ce silence.

1. Alvin Rosenfeld, *op. cit.*, p. 123.
2. Ilan Avisar, cité par Alvin Rosenfeld, *op. cit.*, p. 124.

Il y aurait beaucoup à dire sur l'importance du *Journal* d'Anne Frank dans la constitution de la mémoire du génocide. Nous ne sommes pas sûrs que l'adolescent, ou plutôt l'adolescente, qui se livre à sa lecture en ressorte informé sur le génocide. Le *Journal* d'Anne Frank est d'abord un huis clos familial, et si le destin tragique de son auteur participe de l'intensité de l'histoire, ce sont d'abord les rapports familiaux — ceux d'Anne avec sa mère notamment — et son éveil à l'amour qui fascinent les jeunes lecteurs. Dans son ouvrage sur le journal intime, Philippe Lejeune note que le *Journal* d'Anne Frank est pour beaucoup le point de départ de l'écriture de son propre journal [1]. Bruno Bettelheim, quant à lui, est très sévère avec la famille Frank. « *Le succès prodigieux*, écrit-il, *qui accueillit dans le monde entier le livre, la pièce et le film le* Journal d'Anne Frank *montre combien est puissant le désir de contrebalancer la connaissance de la nature désintégrante et meurtrière des camps de concentration par une fixation totale de l'attention sur une œuvre qui semble prouver qu'une vie très intime pouvait continuer à s'épanouir malgré la persécution du plus impitoyable des systèmes totalitaires. Et cela, bien que le destin d'Anne Frank soit là pour prouver combien les efforts tendant à s'enfermer dans la vie privée, pour ne pas voir ce qui se passe dans le monde environnant, peuvent hâter la destruction d'un être humain* [2]. »

1. « *Cher Cahier...* » *Témoignages sur le journal personnel*, recueillis et présentés par Philippe Lejeune, Gallimard, « Témoins », 1989.
2. Bruno Bettelheim, *Survivre*, traduit de l'américain par Théo Carlier, Paris, Robert Laffont, 1979, p. 296.

Et d'expliquer que le succès mondial de l'histoire d'Anne Frank ne peut être expliqué « *que si on voit en lui notre volonté d'oublier les chambres à gaz, pour mettre en relief le fait qu'une famille, malgré le cataclysme qui menaçait de l'anéantir d'un moment à l'autre, a pu se retirer dans un petit monde extrêmement intime, aimable et sensible, et s'accrocher au maximum à ses attitudes et à ses activités habituelles* » [1]. Du succès du livre, Bruno Bettelheim passe au succès du film et de la pièce de théâtre et analyse le dénouement. On entend en effet la voix *off* d'Anne qui dit : « *Malgré tout, je crois encore que les gens sont foncièrement bons.* » Et Bruno Bettelheim de commenter : « *Ce sentiment invraisemblable est censé venir d'une jeune fille qu'on a laissée mourir de faim, qui a vu sa sœur subir avant elle le même destin, qui savait que sa mère avait été assassinée et qui avait assisté au meurtre de milliers d'adultes et d'enfants. Cette déclaration n'est justifiée par rien de ce qu'Anne a réellement raconté dans son journal* [2]. » Quelle est donc la fonction de l'acte de foi final en la bonté du genre humain inventé de toutes pièces ? Il est là pour rassurer, à tort selon Bettelheim : on « *veut nous faire croire que dans la lutte entre la terreur nazie et la continuation de la vie de famille, c'est cette dernière qui a triomphé : c'est Anne, en effet, qui a le dernier mot. C'est tout simplement le contraire de la vérité car elle a bel et bien été tuée. Sa survie apparente, manifestée par ses paroles sur la générosité des hommes, nous soulage effectivement du besoin de faire face aux problèmes posés par Auschwitz. C'est la raison pour laquelle nous nous*

1. *Idem*, p. 297.
2. *Idem*, p. 300.

sentons tellement soulagés par sa déclaration. *Cela explique aussi pourquoi des millions de personnes ont aimé la pièce et le film ; en même temps qu'ils nous montrent qu'Auschwitz a existé, ils nous encouragent à ignorer l'ensemble de ses implications. Si tous les humains sont foncièrement bons, tout se passe comme si Auschwitz n'avait jamais existé ; et il est absolument impossible qu'Auschwitz puisse se reproduire* [1]. »

Alvin Rosenfeld, étudiant la réception du *Journal* d'Anne Frank aux États-Unis, note qu'au milieu des années cinquante, les Américains n'étaient pas prêts à être confrontés à l'Holocauste. Le sont-ils davantage aujourd'hui ? On peut en douter ; un universitaire américain et théologien, Harry James Cargas, dit son admiration pour Anne Frank en retrouvant, quarante ans après, des accents fort proches de ceux des critiques des années cinquante : « *L'enfant compatissante,* écrit-il, *qui n'oublie jamais de regarder autour d'elle pour voir la condition misérable des autres plutôt que de s'apitoyer sur son propre sort comme beaucoup de nous l'auraient fait, éveille de l'espoir. Chaque fois que je lis le* Journal, *je suis transporté. L'esprit d'Anne me donne de l'espoir. Chaque fois que je lis le* Journal, *je ne peux m'empêcher de penser qu'elle va réussir, qu'elle va survivre* [2]. »

C'est donc l'optimisme qui triomphe, comme il triomphe dans *Holocauste* ou dans *La Liste de Schindler*. Car la fin de l'histoire du génocide ne doit pas être désespérante. Elle doit être racontée de façon à sauver l'idée de l'homme. C'est cet impératif d'opti-

---

1. *Idem,* p. 300-301.
2. Cité *in* Rosenfeld, *op. cit.*, p. 127.

misme qui sous-tend l'écriture du parcours historique du Mémorial de l'Holocauste de Washington.

« *Les visiteurs apprendront que si c'est massivement une
histoire concernant l'extermination du peuple juif, c'est
aussi celle des plans nazis pour anéantir les Tsiganes et les
handicapés, c'est celle de la persécution des prêtres et des
patriotes, des intellectuels polonais et prisonniers de guerre
soviétiques, des homosexuels et même d'enfants innocents.*

« *Puis, finalement, quand on ne supporte plus d'avoir
le cœur brisé, les visiteurs émergent à la lumière, dans une
célébration de la résistance, de la renaissance et du* rene-
wal *[regain, renouvellement] pour les survivants, qu'ils
soient restés en Europe ou, comme tant l'ont fait, qu'ils
soient partis reconstruire leur vie en Israël ou aux États-
Unis. Et après avoir observé le cauchemar du diable, les
monuments grandioses à la démocratie qui entourent
chaque visiteur qui quitte le Mémorial prendront une
nouvelle signification comme les idéaux qui ont présidé à
leur construction* [1]. »

Le musée de Washington a déjà attiré des foules
de visiteurs. C'est un outil majeur de l'éducation
pour les générations présentes et futures. Pour
Michael Berenbaum, il est aussi un outil de « l'américanisation » de l'Holocauste, américanisation qui
se manifeste dans le but même que s'est fixé le
musée : il s'adresse aux Américains et il doit jouer
un rôle dans la politique future des États-Unis. Pour
ce faire, le musée ne doit pas s'adresser aux seuls
Juifs. « *L'histoire doit être racontée de telle façon qu'elle
éveille des échos non seulement chez le survivant vivant à
New York ou chez ses enfants installés à San Francisco,*

1. *Idem*, p. 127.

mais aussi chez un leader noir d'Atlanta, un fermier du Middlewest ou un industriel du Nord-Est [1]. » Le récit de l'histoire de l'Holocauste se voit donc assigner une finalité claire pour Berenbaum : faire comprendre la réalité actuelle, répondre aux besoins sociaux des Américains d'aujourd'hui.

Noemi Paiss, directrice de la communication du musée, explique en d'autres termes la pensée qui préside aux destinées du mémorial : « *Le but ultime du musée, c'est une compréhension massive et générale. Nous ne parlons pas de ce que les Allemands ont fait aux Juifs, mais de ce que l'homme a fait à l'homme* [2]. »

Que le Mémorial de Washington ait partie liée avec l'énorme collecte de la fondation Steven Spielberg ressortit d'abord au fait que le même homme, Michael Berenbaum, thuriféraire de « l'américanisation de l'Holocauste », a assumé successivement la direction des deux projets. Mais surtout, le lien est assuré en ce que la même idéologie préside à ces deux projets également monumentaux, également couronnés de succès et qui renvoient, chacun dans son domaine, ce qui les a précédés à la quasi-insignifiance : le premier Mémorial aux martyrs de la Shoah, celui de la rue Geoffroy-l'Asnier ou Yad Vashem apparaissent provinciaux à côté de celui de Washington. Les 130 interviews — 300 heures peut-être —, réalisées par l'antenne française des archives Fortunoff, semblent misérables au regard des 1 700 heures réalisées en France par les équipes de Steven Spielberg, qui, de

1. *Idem*, p. 129-130.
2. *Idem*, p. 130.

plus, ont réinterviewé certains déportés qui avaient déjà déposé leur témoignage. On a beau se consoler en affirmant que dans ce cas ces interviews sont certainement meilleures, faites par des personnes mieux formées, qu'elles ont mieux respecté dans leur protocole la personnalité des déportés, que leur dépôt aux Archives nationales est prestigieux et qu'il inscrit ces témoignages dans la mémoire nationale, il n'en reste pas moins que l'on se retrouve comme un petit commerçant menacé de disparition devant l'extension des grandes surfaces, ou comme le petit artisan travaillant sur mesure face au grand entrepreneur en confection. D'autant qu'il ne faut pas se cacher la réalité : à quelques exceptions près, les survivants de la déportation préfèrent les modalités de l'interview par les équipes de Steven Spielberg à celles de Yale. Ils aiment montrer leur intérieur, qu'ils ont préparé pour les besoins de l'interview. Ils sont heureux que leurs petits-enfants les rejoignent à la fin de l'interview. Mais surtout, la renommée de Steven Spielberg rejaillit sur eux et leur donne l'impression de recevoir par ricochet un fragment de sa notoriété.

Au témoignage spontané, à celui sollicité pour les besoins de la justice, a succédé l'impératif social de mémoire. Le survivant se doit d'honorer un « devoir de mémoire » auquel il ne peut moralement se dérober. Ce témoignage, il y a aspiré dès sa sortie du camp. L'acte de témoigner devant la caméra, de pouvoir ensuite montrer sa cassette à ses petits-enfants revêt pour le survivant une importance essentielle. « *Pour beaucoup d'entre nous,* note Primo

Levi, *être interviewé était une occasion unique et mémorable, l'événement qu'on avait attendu dès le jour de la libération, et qui a donné un sens à notre libération même* [1]. » Qu'importe si cet acte n'a pu être effectué qu'un demi-siècle après la sortie du camp. Dire ce qu'a été sa vie pendant la Shoah valide en quelque sorte cette expérience qui, bien des survivants l'ont dit et écrit, leur semblé bien vite irréelle, souvent dès leur libération, eux qui ont bien souvent redouté de ne pas être crus.

Anne-Lise Stern, psychanalyste, qui fut déportée à Birkenau notait que le document (celui qui sert à écrire l'histoire, notamment) était fait de papier. « *Le papier est fait aussi à partir de chiffons, de loques, "papier, chiffon, ferraille à vendre", que sommes-nous, que suis-je ? demande-t-il. Chaque sujet déporté, réellement, témoigne de ça, de cette loque qu'il était devenu. Le savoir-déporté, c'est ça, savoir sur le déchet, sur la loque. Mais quand il en parle, en témoigne, loque il n'est plus.* » Henri Borlant, déporté à quatorze ans en 1942, exprime en des termes plus ordinaires le même sentiment : « *En tout déporté, il y a un humilié qui sommeille* [2]. » Et le témoignage, quand l'ancien déporté sait qu'il est, sinon compris, du moins véritablement écouté, lui rend sa dignité, dans la part même de son identité qui a été humiliée : celle d'ancien concentrationnaire ou de rescapé des ghettos. Dans ce sens, les recueils de témoignages, quand il sont

---

1. Primo Levi, *Le Devoir de mémoire.* Entretien avec Anna Bravo et Federico Cereja, Paris, Mille et une Nuits, 1995, p. 75.
2. Colloque d'Orléans, *La Shoah : témoignages, savoirs, œuvres,* édité par Annette Wieviorka et Claude Mouchard, Saint-Denis, Presses universitaires de Vincennes, 1999.

menés avec respect, répondent au désir qu'avait violemment exprimé Robert Antelme, dans un texte paru en 1948 et passé alors inaperçu. « *La véritable hémorragie d'expression que chacun a connue, écrivain ou non*, écrivait-il alors, *exprime une vérité qui contient toutes celles-là : que chacun veut mettre toute sa persévérance à se reconnaître dans ce temps passé et que chacun veut que l'on sache que c'est bien le même homme, celui qui parle et celui qui était là-bas* [1]. » Dans ce sens, on peut penser que recueillir des témoignages est aussi une façon de réparer l'irréparable.

Ce n'est pas un hasard si, parmi ceux qui ont recueilli les interviews, beaucoup sont liés familialement à cette histoire. Ils sont en fait en quête d'un récit familial dont l'histoire les a privés. Nathan Beyrak, responsable de l'antenne israélienne des archives de Yale, et qui mit en œuvre le projet ukrainien et biélorusse, raconte : « *Je ne connais aucun détail sur les meurtres des membres de ma famille : ma grand-mère et sa mère, ses fils et sa fille — les deux frères de ma mère et sa sœur — qui se sont probablement produits dans les fosses où eurent lieu les fusillades de masse près de Slonim. Je me suis toujours senti poussé à savoir, à apprendre les détails les plus intimes de ce qu'ils vécurent, instant après instant. Je pense que j'ai approché le plus près de la satisfaction de cette curiosité quand j'ai enregistré le témoignage d'un homme qui avait été emmené à cette fosse pour y être fusillé. Il est possible qu'il ait été avec ma famille et il décrivit son expérience de façon très détaillée. A la différence des membres de ma famille, il était*

---

1. Robert Antelme, « Témoignage du camp et poésie », *Le Patriote résistant*, n° 23, 15 mai 1948, p. 5.

tombé dans la fosse sans avoir été touché par une balle et avait réussi, plus tard, à escalader le fossé[1]. » Ainsi, le témoignage ne rétablit pas la seule identité des rescapés, il rétablit aussi celle des descendants des morts sans sépulture, en leur permettant d'imaginer les circonstances de la mort des leurs et ainsi d'amorcer le travail du deuil.

Pourtant, il y a dans l'injonction à témoigner, à raconter devant des jeunes, ou de « mettre en boîte » son histoire pour que son témoignage, par-delà sa mort, puisse encore servir à l'éducation des générations à venir, un impératif qui irrite certains déportés. « Sois déportée et témoigne » : c'est ainsi que la psychanalyste Anne-Lise Stern, a intitulé, non sans un zeste de provocation, sa communication à un récent colloque. Il y a dans cet intitulé le rejet d'une double contrainte : être enfermé dans une seule identité, celle de déporté ; n'être, en tant que déporté, que celui ou celle qui témoigne. Anne-Lise Stern se sent mal à l'aise d'être ainsi enfermée dans un mouvement qui la dépasse, qui lui fait perdre en quelque sorte sa liberté, et dont les finalités ne sont pas sans poser problème : « *Pédagogie de la mémoire, sa nécessité, ses effets pervers. Des survivants souhaitent de plus en plus se dessaisir de leur histoire, en dessaisir, en alléger leur famille proche, l'universaliser. Des interviewers formés ou non à " l'écoute ", des historiens, sociologues, cinéastes, philosophes ou autres penseurs s'y prêtent, ou s'en empa-*

1. Nathan Beyrak, « To rescue the individual out of the mass number : intimacy as a central concept in oral history », *in*, sous la direction de Maurice Cling et Yannis Thanassekos, *Ces visages qui nous parlent, op. cit.*

rent, par nécessité et désir souvent noble. Mais les un en accusant d'autres de s'attribuer un " copyright " sur Auschwitz. Pourtant les uns et les autres, parmi eux des psychanalystes, dépouillent de fait les survivants et les morts. Serions-nous tous, toutes, plus ou moins des " chiffonniers de l'Histoire " [1] ? » A la plainte que nous avons déjà examinée de ne pas avoir pu parler au retour parce que personne n'écoutait se substitue une autre plainte, déjà présente, nous l'avons vu, après la projection du feuilleton *Holocauste*, celle tout à la fois d'être dépouillé, mais aussi utilisé, réifié dans une compétition entre divers spécialistes dont on ne peut nier qu'elle existe aujourd'hui. Anne-Lise Stern fait siennes les réflexions d'un autre déporté, Henry Bulawko, qui a témoigné dès son retour et a été longtemps le principal animateur des amicales de déportés juifs de France : « *A un colloque, disait-il, j'ai entendu des historiens déclarer que les anciens déportés étaient pour eux des documents... J'ai dit ma surprise. On m'a répliqué avec un sourire aimable : "documents vivants". Je me suis vu soudain transformer en bête curieuse enfermée dans un zoo avec d'autres espèces rares. Des historiens venaient m'examiner, me demandaient de m'allonger, me tournaient et me retournaient comme on tourne les pages d'un document, me posant des questions aussi, et prenant quelques notes au hasard... Le terme employé ici me paraît infiniment choquant. On peut passer " d'ancien déporté " à " témoin " et de " témoin " à " document ". Alors, que sommes-nous ? Que suis-je ?* »

---

1. Anne-Lise Stern, « Sois déportée... et témoigne ! Psychanalyser, témoigner : Doublebind », *in La Shoah : témoignages, savoirs, œuvres, op. cit.*

Même si l'on peut s'interroger sur la qualité d'historien de celui qui ose ainsi s'adresser à témoin, Henry Bulawko pose ici le problème de la tension entre le témoin et l'historien, une tension, voire une rivalité, et pourquoi pas, une lutte pour le pouvoir, qui se trouve au cœur des débats actuels sur l'histoire du temps présent, mais que l'on retrouve aussi dans d'autres domaines, quand l'expression individuelle entre en conflit avec un discours savant. Philippe Lejeune apostrophe ainsi les tenants de la grande littérature qui fustigent l'autobiographie : « *Vous vous comportez en fait comme un professionnel menacé par des amateurs, ou comme certains professeurs que j'ai rencontrés : ils ont leur territoire et n'aiment pas qu'on bouscule ce qui les légitime* [1]. » Et encore : « *Il y a ceux qui savent et ceux qui soignent. Des patrons et des infirmiers. Ceux qui tiennent colloque et ceux qui font atelier. Ceux qui traient la vie des autres. Ceux qui la barattent en thèse. Ceux qui l'archivent. [...] On n'échappe pas au pouvoir, on peut simplement essayer de le partager* [2]. »

L'historien se retrouve, devant le témoignage du déporté, dans une situation impossible. Il doit — c'est son métier — être, comme le rappelle Pierre Laborie, « *un trouble-mémoire, attentif à rappeler que des lignes de partage existent, que tous les écarts ne sont pas réductibles. Écart entre la conviction de l'expérience vécue et les interrogations critiques portées de plus loin sur le déroulement du passé ; écart entre les vertus de la commémoration et la rigueur de la méthode historique ; écart*

1. Philippe Lejeune, *Pour l'autobiographie. Chroniques*, Seuil, 1998, p. 28.
2. *Idem*, p. 48.

entre les amnésies ponctuelles ou les arrangements du temps remodelé et les dures réalités de la chronologie minutieusement reconstituée ; écart entre les facilités trompeuses du regard rétrospectif et le refus de ramer dans le sens du courant pour continuer à observer les hommes et les événements de l'amont ; écart entre une mémoire identité, ciment d'une solidarité et d'une " fraternité d'essence supérieure " et des mémoires durement autopsiées, décapées et recoupées pour les besoins de la vérité ; écart entre la cohérence séduisante du discours explicite et la traque du non-dit, de l'oubli et des silences ; écart entre la légitimation sous influence d'un passé trop fortement recomposé d'un engagement, d'un héritage et de valeurs à préserver de la banalisation » [1]. Pierre Laborie parle ici de la Résistance. Mais son analyse peut tout aussi bien s'appliquer aux témoignages sur la déportation, et nous y souscrivons sans aucune réserve. Pourtant, l'historien peut-il, moralement, face à une personne vivante, être un « trouble-mémoire » ? La souffrance dont est porteur le récit d'un survivant, parfois le dernier dépositaire de toute une théorie de morts dont il porte en lui le souvenir, le tétanise. Si l'historien sait qu'il possède un savoir, s'il entend bien que le témoin s'éloigne de la vérité, il se trouve terriblement impuissant. Il sait que tout récit de vie est une construction, mais aussi que cette construction-reconstruction est l'armature même, la colonne vertébrale de la vie présente. L'historien se trouve placé devant un dilemme

1. Pierre Laborie, « Histoire et résistance : des historiens trouble-mémoire », in *Écrire l'histoire du temps présent. En hommage à François Bédarida*, préface de Robert Frank, CNRS éditions, 1993, pp. 140-141.

quasi impossible à résoudre car deux morales s'opposent. Chacun a le droit de construire sa propre histoire, de bricoler lui-même ses souvenirs et ses oublis. Dans son seul livre-bilan, écrit au crépuscule de sa vie, Marcel Lévy note : « *Puisque nos pensées d'aujourd'hui ne sont plus celles de notre adolescence et que notre corps délabré n'offre qu'une vague ressemblance avec celui que nous habitions il y a quarante ans, le souvenir subsiste seul pour affirmer la continuité de notre être. Notre vie, ou ce qu'il en reste, est suspendue à ces quelques grains de chapelet enfilés sur le cordelet subtil de la mémoire, dont la rupture est toujours à craindre. Et encore, qui nous prouve que ces bribes de mémoire sont véritablement de première main* [1] *?* » Chacun a donc le droit absolu à sa mémoire qui n'est rien d'autre que son identité, son être même. Mais ce droit peut entrer en conflit avec un impératif du métier d'historien, celui de la quête obstinée de la vérité.

Certains préfèrent dès lors, comme Lucy Dawidowicz ou Raul Hilberg, s'éloigner sur la pointe des pieds des témoignages, ne jamais les soumettre à la critique, les ignorer, mais ainsi, les abandonner à l'oubli ou aux autres disciplines : critique littéraire ou psychologie qui n'ont pas la même conception de la vérité. Mais l'historien peut procéder autrement. Il peut lire, entendre ou regarder les témoignages, en n'y cherchant jamais ce qu'il sait pertinemment ne pas y trouver : des éclairages sur les événements précis, des lieux, des dates, des chiffres qui sont avec une régularité de métronome toujours faux. Mais en

1. Marcel Lévy, *La Vie et moi*, Paris, Phœbus Libretto, 1998, p. 43.

sachant aussi qu'ils recèlent en eux d'extraordinaires richesses : la rencontre avec une voix humaine qui a traversé l'histoire, et, de façon oblique, la vérité non des faits, mais celle plus subtile mais aussi indispensable d'une époque et d'une expérience.

La brouille actuelle que l'on discerne parfois entre témoins et historiens provient aussi probablement largement du brouillage récent des scènes où chacun se déploie et des rôles qui sont impartis. Les témoins, comme les historiens, sont désormais convoqués dans les mêmes lieux : les prétoires, les médias (télévision et radio), les salles de classe. Ils s'y trouvent bien souvent en rivalité. Le « devoir de mémoire » assigne au témoin et à son témoignage une finalité qui dépasse de loin le récit d'une expérience vécue. Le but par exemple explicitement assigné par la *Survivors of the Shoah Visual History Foundation* est ambitieux : « *L'archive sera utilisée comme un outil pour l'éducation globale sur l'Holocauste et pour enseigner la tolérance raciale, ethnique et culturelle. En conservant les témoignages de dizaines de milliers de survivants de l'Holocauste, la fondation permettra aux générations futures d'apprendre les leçons de cette période dévastatrice de l'histoire humaine de ceux-là mêmes qui y ont survécu.* » C'est tout simplement substituer aux enseignants le témoin supposé porteur d'un savoir qu'il ne possède malheureusement pas davantage que tout un chacun. Primo Levi, qui avait beaucoup réfléchi, beaucoup témoigné, par ses écrits, certes, mais aussi dans de très nombreuses salles de classe, exprima à la fin de sa vie sa lassitude et son scepticisme. « *Une des questions qui se répètent*, expliqua-t-il, *est celle du pourquoi de tout ceci, pourquoi les hommes se font la guerre, pourquoi on a créé les Lager, pourquoi on a exterminé les Juifs, et c'est une question à laquelle je ne puis répondre. Et je sais que personne ne peut y répondre : pourquoi fait-on les guerres, pourquoi a-t-on fait la Première Guerre mondiale, puis la Seconde — et on parle même d'une troisième —, cette question me tourmente car je ne sais y répondre. Ma réponse standard est que cela fait partie de notre héritage animal, que la conscience du territoire, la territorialité, est connue des chiens, des rossignols et de tous les animaux ; je le dis, mais je n'y crois pas. [...] Je ne sais pas répondre, sauf par des généralités vagues sur le fait que l'homme est mauvais, qu'il n'est pas bon. Sur cette question qu'on me pose souvent, de la bonté ou de la méchanceté humaines, comment répondre ? qu'il y a des hommes bons, d'autres qui ne le sont pas, que chacun est un mélange de bon et de mauvais* [1] *?* » Primo Levi cessera d'ailleurs d'aller témoigner dans les établissements d'enseignement, parce que son expérience de concentrationnaire ne lui souffle aucune réponse aux questions qui lui sont posées. Mais tous les témoins qui, pour être survivants, n'en sont pas moins des hommes et des femmes, avec leurs vanités humaines, n'ont pas la rigueur et l'exigence de Primo Levi. Comment résister à donner, surtout aux jeunes, des leçons d'histoire ? Comment avoir le courage de dire que l'expérience concentrationnaire ne donne aucun talent prophétique, qu'elle ne permet malheureusement pas de mieux savoir comment lutter contre la barbarie à venir ? Le plus

1. Primo Levi, *Le Devoir de mémoire, op. cit.*, pp. 40-41.

souvent, le témoin sort de son rôle, explique aux élèves la montée du nazisme et ses multiples exactions, et tente de les mobiliser pour les luttes du temps. Mais il le fait aussi largement avec l'assentiment d'une partie des enseignants, qui ainsi se défaussent d'une tâche particulièrement aride, celle de l'enseignement de l'histoire de la Shoah. Certains préfèrent ainsi ne pas faire cours, et remplacer le cours par la projection d'un film, ou un débat avec un témoin, alors que la pédagogie voudrait qu'il y ait tout à la fois le cours, et le témoin, à la différence du débat des « Dossiers de l'écran » qui suivit *Holocauste* et dont enseignants d'histoire et historiens furent absents.

De quoi témoigner alors ? De quel savoir est porteur le survivant, puisqu'il est bien porteur d'un savoir ? Quel est l'horizon d'attente de celui qui reçoit le témoignage ? Est-ce un récit de l'horreur supposé vacciner contre l'horreur ? Anne-Lise Stern s'interroge. « *On attend de nous, on exige de nous de témoigner,* écrit la psychanalyste, "*avant qu'il ne soit trop tard ". Quel savoir est espéré là, quel aveu sur nos lits de mort, de quel secret de famille (sur la famille) ? Où pourront mener toutes ces écoutes de survivants par des gens un peu ou beaucoup trop formés ? A des clips, je le crains, dont joueront, jouiront, les générations futures (et déjà...)*

« *Car,* ajoute-t-elle, *toute pédagogie de l'horreur semble pousser à en reproduire la jouissance. Et ne faudrait-il pas aux trois métiers impossibles désignés par Freud — éduquer, gouverner, psychanalyser — ajouter ce quatrième : témoigner* [1] *?* » Elle n'a peut-être pas tort.

1. Colloque cité.

Le témoignage a donc changé. Ce n'est plus la nécessité interne seule, même si elle existe toujours, qui pousse le survivant de la déportation à raconter son histoire devant la caméra, c'est un véritable impératif social qui fait du témoin un apôtre et un prophète. L'effondrement du communisme, à la fin des années quatre-vingt, a d'autre part rendu le voyage sur les sites de l'annihilation des Juifs — Auschwitz-Birkenau pour l'essentiel — aisé et relativement bon marché. Des jeunes de tous les pays les visitent de plus en plus nombreux en compagnie d'anciens déportés. La connaissance viendrait ainsi de la confrontation au réel, au « vrai » : le réel du site, le réel du « vécu » du déporté. Une mise en situation qui a pour objectif, selon un autre stéréotype qui se diffuse de plus en plus largement, de transformer le jeune, celui de la troisième génération qui a suivi les événements, en « témoin du témoin », à en faire le porteur d'un savoir acquis sur la destruction des Juifs, non sur les bancs de l'école par exemple, ou dans les livres, mais par une expérience vécue, dans un modèle qui semble bien remonter aux Évangiles : ces jeunes seraient les apôtres qui, une fois les témoins disparus, porteraient plus loin leur parole. Mais quelle parole ? De quoi parle le témoin ? De ce dont il se souvient, et seul ce souvenir a la force du réel. Nathan Beyrak rapporte une curieuse histoire. Celle de l'interview d'un homme, qui avait fait partie d'un groupe d'enfants ayant survécu au ghetto de Kovno jusqu'à son évacuation, en 1944, puis qui avaient été envoyés dans divers camps, en Pologne ou Allemagne, dont Birkenau et Mauthausen. L'homme dont parle Beyrak était arrivé pour une première séance de témoignage. Il avait alors parlé trois heures, donnant un récit que Beyrak qualifie de « sec ». En rentrant chez lui, il se rappela soudain qu'il avait une série d'écrits, chez lui, une sorte de journal du ghetto dont il avait oublié l'existence. Il exhuma son journal, constata qu'il évoquait bien des points qu'il n'avait pas abordés dans son témoignage. Il fallait donc tout reprendre. A la séance suivante, il vint, muni de son journal, raconta de nouveaux épisodes, lisant devant la caméra de nouveaux extraits de son journal. Mais la personne qui menait l'interview remarqua qu'il laissait de côté certaines pages de son journal. Elle voulut savoir pourquoi. Il lui fut rétorqué qu'il était impossible que certaines choses écrites dans le journal fussent réellement arrivées, car il n'en gardait aucun souvenir. Pourtant, la lecture de ces pages ne laissait aucun doute sur leur authenticité, une description de la faim, notamment. Mais le témoin ne voulait pas les lire à haute voix. Elles lui semblaient « irréelles ». Comme le note Beyrak, il ne pouvait simplement pas mettre en relation sa mémoire et l'expérience décrite [1].

Si ce témoin avait été enregistré dès l'après-guerre, son récit eût été différent de celui que Nathan Beyrak a recueilli quelque cinquante ans plus tard. Une parole saisie à un moment bien précis, instrumentalisée parfois dans un contexte politique et idéologique destiné, comme tous les

1. Nathan Beyrak, art. cité, p. 100.

contextes politiques, à évoluer. Car le moment précis du témoignage nous dit beaucoup sur la culture politique de la société dans laquelle vit le témoin. Aujourd'hui, par exemple, le survivant de la déportation de France tient en gros le même discours. Il a été déporté par Vichy ; il a été mal accueilli en France à son retour et « on » ne l'a pas aidé à se réinsérer. Il n'a, par exemple, reçu l'aide d'aucun psychologue, d'aucun éducateur spécialisé. C'est oublier que la psychologie n'avait pas le même statut en 1945 qu'aujourd'hui et que la profession même d'éducateur était encore dans les limbes. C'est un discours de rancœur à l'égard de la France, qui met entre parenthèses l'Allemagne nazie. Le « Boche » ou le « Teuton », si présent dans les récits écrits dans les années d'après guerre, a disparu. Aucun témoin ne raconte plus, comme il le faisait alors, comment il baisa le sol de France à son retour ou pleura d'émotion en entendant *La Marseillaise*. Le témoin fixe toujours à son récit une finalité qui le dépasse. Cette finalité est erratique. Dans les années d'après guerre, nous l'avons montré ailleurs [1], c'était l'idée d'empêcher l'Allemagne de renaître, une Allemagne « intrinsèquement » barbare, qui dominait. Aujourd'hui, les témoins disent tous, en France comme ailleurs, lutter contre la négation de la Shoah et contre la résurgence du « fascisme ». Parfois, s'ajoute la lutte contre les « génocides » qui se perpétuent ici ou là. Ce discours devenu stéréotypie s'enchâsse dans le discours politique ambiant.

1. *Déportation et Génocide, op. cit.*

Il est comme surimposé au témoignage qu'il instrumentalise.

Mais le discours du témoin est aussi déterminé par son âge. Le témoin des années quatre-vingt-dix, celles de l'explosion du témoignage, est un homme ou une femme d'un certain âge, qui a terminé souvent sa vie professionnelle et ne procréera plus. Chez lui, comme chez tout un chacun, l'avenir et les possibles qu'il ouvre se sont très largement rétrécis. La tonalité de son témoignage est largement influencée par le bilan qu'il peut faire de son existence. Il peut avoir le sentiment d'avoir réussi sa vie, ou au contraire de l'avoir ratée, avec bien entendu tout un camaïeu entre ces positions extrêmes. Or, la personne interviewée l'est en raison de son expérience dans les années de la Seconde Guerre mondiale, même s'il lui est demandé d'évoquer l'avant et l'après. C'est en tant que « survivant » ou que « déporté » qu'il est interviewé. Ce n'est donc pas un « récit de vie » qui est recueilli, mais, et la demande est claire, le récit de sa vie (avant, après et surtout pendant) informé par cette période dont il est ainsi postulé qu'elle est rupture fondamentale. La notion même « d'avant » induit l'anachronisme ou la téléologie. « L'après » indique que l'interviewer demande au témoin de considérer cet événement comme un événement matriciel. Élie Wiesel évoquait Auschwitz comme un nouveau Sinaï, le lieu d'une nouvelle alliance. Si on se réfère à la psychanalyse, la Shoah deviendrait une nouvelle scène primitive. Nous sommes donc en présence d'un mythe second des origines. Toute l'histoire de l'individu se trouve ainsi nouée autour des années de sa vie qu'il passa en camp ou dans les ghettos, en vertu d'un pur postulat : que cette expérience a été l'expérience décisive d'une vie. Il resterait à le démontrer, ce à quoi personne ne s'est encore attelé. Ruth Klüger est, à notre connaissance, la seule à avoir protesté contre cette représentation du déporté. « *Et pourtant*, écrit-elle, *pour tous ceux qui ont survécu on fait d'Auschwitz une sorte de lieu d'origine. Le nom d'Auschwitz a aujourd'hui un rayonnement, même négatif, tel qu'il détermine dans une large mesure la réflexion sur une personne, à partir du moment où elle y a été. Même à mon propos, les gens qui ont l'intention de dire quelque chose d'important signalent que j'ai été à Auschwitz. Mais ce n'est pas si simple, car quoi que vous puissiez en penser, je ne viens pas d'Auschwitz, je suis originaire de Vienne. On ne peut pas effacer Vienne, on l'entend à l'accent, alors qu'Auschwitz m'était aussi fondamentalement étranger que la lune. Vienne fait partie des structures de mon cerveau et parle en moi, alors qu'Auschwitz a été le lieu le plus aberrant où j'ai pu me trouver, et son souvenir demeure un corps étranger dans mon âme, comme une balle que l'on ne pourrait extraire du corps. Auschwitz n'a jamais été qu'un épouvantable hasard* [1]. »

D'autres ont peut-être protesté par leur silence. Dans certains refus de témoigner, ne peut-il y avoir autre chose que la peur de réveiller des souvenirs trop pénibles : la crainte d'être enfermé dans une image dans laquelle on ne se reconnaît pas tout à fait ?

1. Ruth Klüger, *Refus de témoigner. Une jeunesse*, traduit de l'allemand par Jeanne Étoré, Paris, Viviane Hamy, 1997.

Comment expliquer cette explosion du témoignage ? Quels sont les moteurs de ces collectes de témoignages vidéo, extrêmement onéreuses, en argent comme en temps, comme nous y avons déjà insisté ? Pour certains, il s'agit d'un programme classique de constitution d'archives d'histoire orale. C'est ainsi d'ailleurs qu'a été nommée la collecte du Mémorial de l'Holocauste de Washington. Pour d'autres, ces projets de collecte sont un effort désespéré pour sauver l'individu de la masse, pour donner la parole aux simples gens, ceux qui ne savent pas tenir la plume, qui n'ont ni le désir, ni peut-être la capacité de coucher par écrit leur propre récit. On retrouve ici la motivation même qui fut à l'origine de l'écriture des livres du souvenir. A la différence de la théologie et de la sociologie, qui parlent de « l'Holocauste », précise l'écrivain israélien Aaron Apelfeld, lui-même survivant du génocide, « *la littérature dit : regardons cette personne en particulier. Donnons-lui un nom. Donnons-lui une place. Offrons-lui une tasse de café... La force de la littérature réside dans sa capacité à créer de l'intimité. De cette sorte d'intimité qui vous touche personnellement* » [1]. Et Nathan Beyrak, responsable de l'antenne israélienne des archives Fortunoff, dans un texte intitulé : « Le sauvetage de l'individu de la masse : l'intimité comme concept central de l'histoire orale », affirme que ce concept d'intimité est le thème central du travail de recherche du groupe qu'il anime.

Deux aspects se dégagent donc de ces collectes.

1. Cité dans Nathan Beyrak, art. cité, p. 137.

Le premier, qui est une constante dans la mémoire juive de la Shoah : redonner un nom, un visage, une histoire à chacune des victimes de la mort de masse. C'était, nous l'avons vu, le projet des livres du souvenir. C'était encore le projet de Serge Klarsfeld quand il publiait en 1978 *Le Mémorial des Juifs de France*, un ouvrage comportant tous les noms et les indications d'état civil des Juifs déportés de France et, en 1995, celui des enfants, qui ajoutait aux noms des photos. C'était aussi au nom des morts, de chacun d'entre eux, que parlait Gidéon Hausner présentant l'acte d'accusation d'Adolf Eichmann : « *En cet endroit où je me trouve, juge d'Israël, pour prononcer le terrible réquisitoire contre Adolf Eichmann, je ne suis pas seul ; à mes côtés se tiennent, ici et en ce moment, six millions de procureurs. Mais ils ne peuvent se lever, pointer un doigt accusateur vers la cabine de verre et crier à la face de celui qui y est assis : j'accuse !... C'est pourquoi je serai leur porte-parole.* » Mais il s'agit, dans les livres du souvenir, dans ceux de Serge Klarsfeld et dans la bouche de Hausner, du nom et du souvenir des morts. Dans les archives vidéo, il s'agit des vivants, des survivants. C'est à eux que se rapporte le concept d'intimité qu'évoque Nathan Beyrak, qui est au cœur de l'actuel mouvement de collecte de témoignages comme des multiples apparitions de témoins dans les émissions de radio ou de télévision. Or ce concept d'intimité dépasse de très loin le seul témoignage sur la Shoah. Il est au cœur de notre société et du fonctionnement de ses médias. La sociologue Dominique Mehl note que ce concept signale « *la crise du discours expert et la mise en cause de l'assurance pédagogique des savants et des spécialistes* » [1]. Et parmi eux, les historiens. La télévision de l'intimité, qui est à l'œuvre dans de très nombreuses émissions, est fondée « *sur l'expression des émotions et sur les témoignages* ». Elle exhibe « *de l'expérience et valorise la monstration* » [2]. La technique de filmage est d'ailleurs la même dans les émissions de télévision et dans l'enregistrement des témoignages de déportés : le gros plan est privilégié. « *De même, le réalisateur est à l'affût des postures susceptibles de trahir des affects ou des émotions. Regards, gestes, mains sont autant d'offrandes aux techniciens. Dans les émissions de l'intime, l'œil de la caméra guette l'œil du témoin* [3]. » Pour celui qui témoigne, l'émission permet de « parfaire une identité sociale », identité qui requiert un regard, voire une sanction par la société. Il est des moments où un mode d'être a besoin de socialisation pour devenir réellement constitutif de la personnalité ou de la singularité. « *Il risque*, indique Dominique Mehl, *sinon, de se transformer en un stigmate ou une particularité curieuse. La reconnaissance par la collectivité autorise à s'assumer soi-même et à revendiquer une identité assistée, car la définition d'une personnalité et d'une place dans le monde exige une certaine visibilité.* » Cette affirmation de l'identité par le témoignage pose pourtant problème quand il ne s'agit pas seulement d'un malheur individuel (un viol, par exemple), mais d'une souffrance née d'un événement historique. L'événement historique se

1. Dominique Mehl, *La Télévision de l'intimité*, Paris, Seuil, 1996, pp. 11-12.
2. *Idem*, p. 13.
3. *Idem*, p. 28.

fragmente alors en une série d'histoires individuelles. Nous sommes ainsi confrontés, note
Richard Sennet « *à une idéologie de l'intimité : les rapports sociaux ne sont réels, crédibles et véridiques que lorsqu'ils tiennent compte de la psychologie de chacun. Cette
idéologie transforme des catégories politiques en catégories
psychologiques* » [1].

Le témoignage s'adresse au cœur, et non à la raison. Il suscite la compassion, la pitié, l'indignation,
la révolte même parfois. Celui qui témoigne signe
avec celui qui reçoit le témoignage un « pacte
compassionnel », comme celui qui écrit son autobiographie signe avec le lecteur ce que Philippe
Lejeune a appelé « le pacte autobiographique » [2],
que Dominique Mehl caractérise comme une « *inter-
action spécifique entre émission et réception. Du côté de
l'émission le protocole compassionnel règle une mise en
scène fondée sur l'exhibition de l'individu, de sa souffrance
particulière, et met l'accent sur la manifestation émotion-
nelle et sur l'expression corporelle. Du côté de la réception,
l'identification au malheureux et l'empathie avec les souf-
frants constituent les ressorts de l'élan compassionnel* [3] ».
Ainsi, le nazisme, la Shoah sont désormais présents
dans l'espace public principalement parce qu'ils ont
dévasté la vie d'individus, des individus qui ont
triomphé de la mort, même si beaucoup affirment
aujourd'hui n'être jamais sortis d'Auschwitz.

Cette vision crée chez l'historien un malaise. Non

1. Richard Sennet, cité dans Dominique Mehl, *op. cit.*,
p. 154.
2. Philippe Lejeune, *Le Pacte autobiographique*, Paris, Seuil,
1975.
3. D. Mehl, *op. cit.*, p. 212.

qu'il soit insensible à la souffrance, qu'il ne soit lui aussi bouleversé par les récits de souffrances, et fasciné par certains d'entre eux. Mais parce qu'il sent bien que cette juxtaposition d'histoires n'est pas un récit historique, et que, en quelque sorte, elle l'annule. Comment construire un discours historique cohérent s'il est constamment opposé à une autre vérité, qui est celle de la mémoire individuelle ? Comment inciter à réfléchir, à penser, être rigoureux quand les sentiments et les émotions envahissent la scène publique ?

ÉPILOGUE

LE PROCÈS PAPON OU LE PASSAGE DU TÉMOIN

Le procès Eichmann marqua l'avènement du témoin. Le procès Papon marque bien un double passage du témoin. Passage d'abord aux historiens devenus témoins pour le ministère public, la défense ou l'accusation. Tout a été dit lors du procès et dans les ouvrages qui ont immédiatement suivi son dénouement sur cette confusion des rôles. Mais aussi, et c'est surtout ce qui nous intéresse ici, passage du témoin à une nouvelle génération, celle des enfants ayant grandi pendant la guerre, pour qui le souvenir d'un passé traumatique ne réside plus dans l'évocation des événements, sur lesquels rien ne peut être dit, mais dans la secousse irrémédiable qu'ils provoquèrent dans leur jeune vie.

Chaque procès — nous l'avons constaté pour le procès Eichmann — retient un ou plusieurs témoignages qui semblent peser plus lourd que les autres, marquer davantage les consciences à l'intérieur du tribunal comme à l'extérieur, par le biais de l'écho qui en est rendu dans les médias. En ce qui concerne Papon, tous s'accordent sur le témoignage d'Esther Fogiel : « *Il y aurait indécence à classer les témoignages de victimes,* note Éric Conan. *Mais celui d'Esther Fogiel tétanise l'assistance.* »

Esther Fogiel comparaît le trente-septième jour du procès, le 19 décembre 1997. Avant elle, la cour a déjà entendu d'autres témoins dont les parents sont partis de Bordeaux vers Drancy et Auschwitz. Ainsi Georges Gheldmann qui, à soixante-dix ans, garde les mots de l'enfant qu'il fut pour expliquer comment on l'a « arraché à maman » ; et Éliane Dommange, âgée de huit ans quand ses parents furent déportés, évoque l'attente vaine. Mais c'est sur Esther Fogiel que le malheur semble s'être davantage acharné. « *Une silhouette de moineau [...] une voix de petite fille, ses images et ses impressions d'enfant pour raconter ses tragédies* »[1], « *un petit visage triangulaire qu'on dirait d'avant-guerre* »[2].

Que raconte Esther Fogiel ? Son enfance de fille d'immigrés, d'abord, dont les parents sont arrivés dans les années vingt « pour fuir les pogroms » de leur Lettonie natale. Qu'il n'y eût guère de pogroms dans les années vingt en Lettonie, que l'émigration massive de ces années d'après la Grande Guerre relevât essentiellement d'une situation économique désastreuse, peu importe. La mémoire collective veut que la vague migratoire des années vingt soit une fuite contre l'antisémisme. Comme tous les immigrés, ses parents travaillent dur. Sa mère la

---

1. Éric Conan, *Le Procès Papon. Un journal d'audience*, Paris, Gallimard, 1998, p. 102.
2. Pascale Nivelle, *in* Sorj Chalandon et Pascale Nivelle, *Crimes contre l'humanité. Barbie, Touvier, Bousquet et Papon*, préface de Robert Badinter, Paris, Plon, 1998, p. 409.

place de nourrice en nourrice dès l'âge de six mois. Ce n'est que quand son père, engagé volontaire, est démobilisé en 1940, que ses parents la reprennent à la maison. Son père ne pouvant plus travailler dans son commerce devient docker. Puis c'est le départ vers la zone non occupée. Sa mère vient la chercher à l'école, la conduit chez un jeune couple. « *Elle me regardait avec un sourire triste qui m'a beaucoup marquée.* » Esther Fogiel part avec une dame qu'elle ne connaît pas, se retrouve à Valence-d'Agen dans une famille dont le comportement à son égard change brusquement, trois jours après son arrivée. Ils étaient devenus brutaux. Plus tard, elle pensera que cette modification de leur attitude est due au fait qu'ils ont appris que ses parents avaient été déportés, et qu'ils ne toucheraient plus la pension convenue. Elle est violée, séjourne dans une institution religieuse, où elle est mise à part « *comme le suppôt du diable* ». C'est alors le retour dans sa famille d'accueil où elle doit faire les travaux les plus pénibles. Une famille qui est de fait un trio composé de la femme, du mari et de l'amant. On la met souvent dans le lit du mari. Son seul lien affectif : une petite chienne. Une nuit, elle entend ses gémissements et, au petit matin, elle la découvre pendue au-dessus de son lit. « *Je la revois encore* », précise-t-elle. En 1945, ces gens sont arrêtés, mis en prison. Elle n'a jamais cherché à savoir pourquoi. Quand, après la guerre, elle revient dans son quartier, elle reconnaît une robe de sa mère portée par une étrangère. « *Toute ma vie,* ajoute-t-elle, *je n'ai cessé de faire ce voyage vers Auschwitz* », précisant qu'elle fit à trente ans une tentative de suicide.

Éric Conan et Bertrand Poirot-Delpech, qui bien souvent divergent dans leurs analyses du procès, se rencontrent pourtant dans leur appréciation du témoignage d'Esther Fogiel : « *En voyant cette revenante piétinée par l'existence, en me souvenant des arguments en défaveur du procès, je me disais que, si ce dernier aboutissait à soulager tant soit peu Esther Fogiel, il n'aurait pas été vain, et que cette seule éventualité pour une seule des victimes suffisait à en justifier l'ouverture, à en faire un devoir sacré* »[1], écrit Poirot-Delpech. Et Éric Conan, qui ne ménage pas ses critiques au procès, note pourtant, précisément à l'occasion de témoignage d'Esther Fogiel, que pour tous les témoins « *cette quête judiciaire constitue le moins réfutable de tous les arguments avancés en faveur du procès Papon. Ce " procès pour l'Histoire " ne sert pas l'Histoire. Ce " procès pour la mémoire nationale " sème la confusion, mais il répond — sous réserve du verdict final — à l'attente de victimes à la recherche d'une origine de leur malheur* »[2].

Esther Fogiel est certes un cas extrême. D'autres enfants séparés de leurs parents eurent la chance de trouver pour les accueillir un milieu chaleureux. Mais ses souffrances, à des degrés divers, se retrouvent, jusqu'aux tentatives de suicide, chez beaucoup de ceux qui, enfants, durent être cachés pour fuir la persécution et qui aujourd'hui commencent à s'exprimer, notamment dans les bulletins des associations d'enfants cachés qu'ils ont créées en France, aux États-Unis, en Israël, en Pologne... Au

1. Bertrand Poirot-Delpech, *Papon : un crime de bureau*, Paris, Stock, 1998, p. 116.
2. Éric Conan, *op. cit.*, pp. 104-105.

témoignage d'Esther Fogiel semble faire écho le roman poignant de Berthe Burko-Falcman, *L'Enfant caché*[1]. Alors que les diverses associations de rescapés de la Shoah qui avaient vu fondre leurs effectifs s'inquiètent de leur devenir, celles de la deuxième génération sont en plein essor.

Le témoignage ainsi se détache de l'Histoire, s'éloigne encore de l'événement, un peu à la façon dont se propagent les ondes d'un séisme à partir de son cœur. Et à lire ou à entendre les voix de ces « enfants cachés », chacun apprend beaucoup sur l'enfance et sur l'humanité, sur la violence de certains traumatismes et leur caractère irréparable. Apprend-il de l'Histoire ? L'écho des événements renseigne sur la puissance de l'événement, mais ne rend pas compte de ce qu'il a été.

La troisième génération de l'après-guerre est en train de naître. Les « enfants cachés » chez qui l'enfant meurtri continue de vivre deviennent, dans le temps même où ils ravivent leur mémoire, à leur tour grands-parents.

Quel devoir est alors celui des historiens, ceux qui produisent un récit historique, et celui des enseignants d'histoire qui initient les jeunes à ce récit ? Doivent-ils, comme on le voit parfois aujourd'hui, partir en guerre contre la mémoire et contre les témoins et leur disputer le champ éditorial, médiatique et associatif, au risque d'y consacrer une partie importante de leur énergie ? Nous ne le

1. Seuil, 1997.

croyons pas. L'historien n'a qu'un seul devoir, celui de faire son métier, même si les résultats de ses travaux nourrissent le débat public ou la mémoire collective ou sont instrumentalisés par l'instance politique. Car, quand la trace s'estompe avec le temps, reste l'inscription des événements dans l'histoire qui est le seul avenir du passé.

REMERCIEMENTS

Ce petit livre est en quelque sorte la suite et l'épilogue de *Déportation et Génocide*. Une partie des réflexions qu'il contient a été présentée lors de divers colloques. C'est à Chinchon (Espagne), en réfléchissant sur le thème de la mémoire des guerres à l'invitation d'Emmanuel Sivan et de Jay Winter, que nous avons conçu la structure générale du volume. Ces premières réflexions ont fait l'objet d'un article « From Survivor to Witness », dans le volume collectif *War and Remembrance in the Twentieth Century*, Cambridge University Press, septembre 1998. Sylvie-Anne Goldberg nous a ouvert les portes du Centre Marc-Bloch (Berlin) et du Einstein Forum (Potsdam) où nous avons présenté une esquisse de l'avènement du témoin et de l'usage contemporain du témoignage.

Mes remerciements vont encore à Raya Cohen, Claire Andrieu et Geoffrey Hartman, qui ont relu méticuleusement le manuscrit, et à mon fidèle éditeur, Laurent Theis. C'est, encore et toujours, à Henri Raczymov, qu'il doit sa forme finale.

TABLE

**PAPIER À BASE DE
FIBRES CERTIFIÉES**

Fayard s'engage pour
l'environnement en réduisant
l'empreinte carbone de ses livres.
Celle de cet exemplaire est de :
0,300kg éq. CO_2
Rendez-vous sur
www.fayard-durable.fr

Achevé d'imprimer en France
par JOUVE
en septembre 2015

N° d'impression : 2241646S

Dépôt légal : février 2013
27-01-0882-4/02